"八八战略"指引下的
浙江市政公用事业发展二十年

王 岭 孙雪锋 沙 洋 主编

中国建筑工业出版社

图书在版编目（CIP）数据

"八八战略"指引下的浙江市政公用事业发展二十年 / 王岭，孙雪锋，沙洋主编. -- 北京：中国建筑工业出版社，2025.4. -- ISBN 978-7-112-30965-8

Ⅰ.F299.241

中国国家版本馆CIP数据核字第2025BH0169号

责任编辑：石枫华　武　洲　赵欧凡
责任校对：赵　力

"八八战略"指引下的浙江市政公用事业发展二十年
王　岭　孙雪锋　沙　洋　主编

*

中国建筑工业出版社出版、发行（北京海淀三里河路9号）
各地新华书店、建筑书店经销
北京红光制版公司制版
建工社（河北）印刷有限公司印刷

*

开本：787毫米×1092毫米　1/16　印张：12¼　字数：186千字
2025年1月第一版　2025年1月第一次印刷
定价：**60.00**元
ISBN 978-7-112-30965-8
（44611）

版权所有　翻印必究
如有内容及印装质量问题，请与本社读者服务中心联系
电话：(010) 58337283　　QQ：2885381756
（地址：北京海淀三里河路9号中国建筑工业出版社604室　邮政编码：100037）

作者简介

王岭：博士，研究员，博士生导师，浙江财经大学经济学院副院长，浙江省新型重点专业智库"中国政府监管与公共政策研究院"副院长，入选浙江省高校领军人才培养计划。兼任中国工业经济学会理事和产业监管学科专业委员会秘书长。主持国家社科基金重点项目、国家自然科学基金面上项目等省部级以上课题10项、政府部门委托课题20余项，在《管理世界》等期刊发表论文40余篇，出版专著5部，研究成果获浙江省哲学社会科学优秀成果奖等奖项。

孙雪锋：浙江省城市化发展研究中心主任，住房城乡建设部政策研究中心首批研究合作网络单位负责人，浙江省新型智库研究会副会长，长期从事住房和城乡建设领域政策研究和制定。先后荣获二等功、三等功等荣誉和省规划设计项目一等奖和规划科学技术进步奖三等奖等奖项。主持省部级重大课题10项，多篇调研成果获得省领导批示，获得省党政系统优秀调研成果2项。

沙洋：浙江省城乡规划设计研究院党委副书记、院长，浙江省国土空间规划学会总体规划与空间战略专委会主任委员。2019年获全省住房城乡建设系统"最美建设人"。获得省级以上规划设计奖5项，参与编制浙江省住房和城乡建设事业、市政公用事业发展"十四五"规划等多个浙江省建设领域重要发展总纲，指导编制多项厅级行业专项规划及导则。

编 委 会

特邀顾问： 应柏平　姚昭晖

主　　编： 王　岭　孙雪锋　沙　洋

编　　委： 赵　栋　黄昭晖　蒋忠克　张肇中　邵丹娜
　　　　　　赵津津　刘相锋　陈　松　祁晓凤　邓富根
　　　　　　祝元文　葛恩燕　童　彤　吴　怡　翁　昕
　　　　　　王　蕴　杨玉龙　孔　炜　肖　伟　谢宇菲
　　　　　　刘明文　姜少睿　徐　剑　谢姜靖　徐永宁

序

2003年，时任浙江省委书记的习近平同志审时度势、高瞻远瞩，为浙江省发展作出了长远性、全局性的宏伟擘画——"八八战略"。伟大的战略，总能切准时代脉搏、把握发展大势，为实践提供源源不断的理论支撑、精神指引和具体指导。二十年来，在习近平同志提出的"八八战略"的引领下，浙江省各项工作都取得了跨越式发展，在高质量发展新征程上也赢得了先机、走在了前列。

市政公用事业对保障经济社会发展具有基础性、战略性、先导性作用，是城市实现高质量发展、高品质生活、高水平安全、高效能治理的重要物质载体。二十年来，在"八八战略"的有力指引下，浙江省上下牢牢把握国家改革开放的机遇，坚持问题导向、目标导向，与时代发展同向而行，与群众期盼同频共振，统筹发展和安全，系统谋划、整体协同，立足长远、适度超前，开拓进取、守正创新，奋力推动全省市政公用事业干在实处、走在前列、勇立潮头，实现了历史性突破、取得了历史性成就。

在"八八战略"的有力指引下，浙江省上下紧紧围绕"基本建成与新型城市化相适应的城市市政公用事业体系，城市市政公用基础设施水平走在全国前列"的目标，科学处理政府与市场、当前与长远、建设与管理、存量与增量、立与破、城与乡等辩证关系，"一张蓝图绘到底，一任接着一任干"，扎实推进市政公用事业发展，开启了创新、协调、绿色、开放、共享发展的新境界。

——二十年来，浙江省落实国家部署、回应实践需要、顺应行业特点，从供水与节水、排水与污水处理、生活垃圾处理、燃气、道路建设到城市园林绿化等多个领域，不断探索完善与社会主义市场经济体制相适应的市政公用事业发展体制，取得了丰硕的成果。包括完善了以地方性法规、规章为引领的制度体系，建立了顺应实践需要的市场准入机制和投融资、建设运营、维护更新模式，健全了引领行业转型升级的技术标准体系，基本厘清了政府监管责任边界等。

——二十年来，浙江省市政公用事业大踏步前行，城市基础设施供给能力不断增强，不仅为经济社会发展提供了坚实有力的支撑和保障，还直接为稳定就业、促进经济增长作出了积极贡献。这二十年，是浙江省市政基础设施建设速度、规模和供应能力提升最快的时期，是市政基础设施规划、设计、施工水平和工程质量提高最快的时期，也是市政公用行业新技术推广应用步伐和装备现代化水平提高最快的时期。目前，浙江省市政公用事业已基本实现运营网络全省城乡全覆盖、服务应供尽供。

——二十年来，浙江省市政公用事业的运营效率、服务水平稳步提升，现已达到国内领先水平，城乡协调、数字智慧、绿色低碳、均等可及等特点，成为浙江市政公用事业的靓丽名片，并为全国贡献了一批可供学习借鉴的标杆性案例和可资复制推广的经验做法。特别是，浙江省坚持创新驱动，通过数智赋能，创新管理模式，推动市政公用事业朝着更智慧、更绿色、更均等的方向发展，为打造宜居智慧韧性城市提供了重要借鉴；浙江省持续发挥城乡协调发展优势，加快推进城乡市政公用事业一体化发展，城乡市政公共服务基本实现均衡发展、均等可及，为浙江省奋力推进共同富裕示范区建设打下了坚实基础。

《"八八战略"指引下的浙江市政公用事业发展二十年》一书，系统回顾了在"八八战略"指引下，浙江省二十年来供水与节水、排水与污水处理、生活垃圾处理、燃气、道路、城市园林绿化等市政公用事业的辉煌发展历程，深刻总结了二十年来浙江省市政公用事业思维创新、制度创新、实践创新的丰硕成果，全面梳理了二十年来浙江省探索出的具有浙江辨识度和全国引领性的市政公用行业发展模式、典型案例，也对浙江省市政公用事业在新的起点上阔步前行的思路和政策、举措作了展望分析。该书凝聚了众多专家学者的智慧与心血，为浙江省及全国各地市政公用战线的领导干部、专家学者提供了一份翔实的参考资料，期待本书为学术研究和实践探索提供有益的借鉴与启发，助力浙江省乃至全国市政公用事业进一步全面深化改革、奋力推进高质量发展。

党的二十届三中全会绘就了进一步全面深化改革、推进中国式现代化的宏伟蓝图。我们衷心祝愿，浙江省以"八八战略"为统领，以一马当先走在前的担当，进一步全面深化改革,以更充分、更全面、更先进、更高质量、更可持续的发展,开创中国式现代化省域先行全新局面。我们衷心祝愿,在"八八战略"的指引下,浙江省能够立足新发展阶段、贯彻新发展理念、构建新发展格局,坚持以人民为中心的发展思想,统筹发展和安全,以推进城市基础设施一体衔接、协同融合为导向,加快构建城乡协调、先进适用、系统完备、智能高效、安全绿色的现代化城市基础设施体系,在新的起点上持续优化市政公用事业供给结构和服务功能,为浙江省进一步全面深化改革、勇当中国式现代化的先行者提供坚实支撑。

住房城乡建设部城市建设司副司长

前　言

"八八战略"作为浙江省域治理的总纲领和总方略，以其前瞻性和科学性，引领浙江开启了伟大变革之路，推动了浙江发展的全面转型升级。二十年来，浙江省市政公用事业在"八八战略"的指引下，始终朝着绿色低碳、城乡协调、数字智慧的高质量发展路径不断前行，谋划了系列具有浙江首创、全国先行的改革举措，在解决供需和城乡发展不平衡、提高市政公用产品供给质量、推进市政公用事业数字化发展、提升资源节约化水平等方面发挥了重要作用。为全面系统总结"八八战略"指引下浙江市政公用事业的发展成效，由浙江财经大学组成课题组进行研究，具体选择供水与节水行业、排水与污水处理行业、生活垃圾处理行业、燃气行业、道路行业、园林绿化行业六大行业作为研究对象，分析"八八战略"指引下浙江市政公用事业二十年的举措与成效，并对浙江市政公用事业发展进行展望。

本书共由八章组成，第一章是总论，重点对"八八战略"与浙江市政公用事业绿色低碳发展、城乡协调发展、数字智慧发展之间关系进行研究。第二章为"八八战略"指引下的浙江供水与节水行业发展，重点从发挥城乡协调发展优势来筑牢供水能力保障"一个基础"，充分发挥体制机制优势来强化供水规范化管理"一个支撑"，因地制宜、革新技术来保障水质"一条底线"，制度引领、扎实推进来树立城市节水"一个导向"以及勇于探索、科技引领来突出供水智慧化"一个创新"5个方面进行研究。第三章为"八八战略"指引下的浙江排水与污水处理行业发展，重点从多措并举助力排水与污水处理能力稳步提升、制度先行引领排水与污水处理行业规范化管理、齐抓共管推动排水与污水处理行业提质增效、因地制宜推进污水处理行业绿色低碳转型、抓点扩面实现城镇排水和内涝防治能力全面提升、互联共享提升排水与污水处理行业智慧化水平6个方面进行研究。第四章为"八八战略"指引下的浙江生活垃圾处理行业发展，重点从体制机制创新引领生活垃圾治理法治化和规范化发展、垃圾分类模式创新推动生活垃圾源头减量、完善垃圾清运系统助力生活垃圾处理行业提质增效、多措并举推动生活垃圾处理能力稳步提升、互联共享提升生活垃圾处理行业智慧化水平5个方面进行研究。第五章为"八八战略"指引下的浙江燃气行业发展，重点从体制改革明确城市燃气行业发展方向、特许经营推动城市燃气供给能力提升、安全建设助力管道燃气严守发展底线、合规引导助力瓶装燃气企业规范运营、智慧化转型助力城市燃气高质量发展5个方面进行研究。第六章为"八八战略"指引下的浙江道路行业发展，重点从高水平构建城市道路法规标准体系、高标准推进城市道路路网建设、精细化推进城市道路运行管理、高质量推进公共停车场建设和服务、高效能推进城市道路智慧化建设5个方面进行研究。第七章为"八八战略"指引下的浙江园林绿化行业发展，重点从制度保障助力城市园林绿化规模不断提升，科学谋划打造新时代"浙派园林"品牌，"强指导、补短板"助力园林城市建设取得显著成效，监管方式创新开启信用园林建设"领跑模式"，数字赋能提升城市园林绿化行业数智化治理水平5个方面进行研究。第八章为"八八战略"指引下浙江市政公用事业发展展望，提出更加智慧化、更加低碳化、更加均等化的浙江市政公用事业发展方向。

  本书主要适用于浙江省乃至全国各地市政公用行业主管部门的领导干部以及国内外从事市政公用事业相关研究的专家学者、博/硕士研究生。

  由于本书研究所涉及的行业较多，研究时间跨度较长，研究内容较为丰富，而完成本书撰写的时间相对较短，尽管本书编委会成员作了较大努力，但难免存在一些缺陷和不足，敬请学术界、政府部门和行业企业的专家学者批评指正。

目 录

第一章 总论 ··· 1
- 第一节 "八八战略"与浙江市政公用事业绿色低碳发展·············· 1
- 第二节 "八八战略"与浙江市政公用事业城乡协调发展·············· 3
- 第三节 "八八战略"与浙江市政公用事业数字智慧发展·············· 6

第二章 "八八战略"指引下的浙江供水与节水行业发展················ 8
- 第一节 发挥城乡协调发展优势 筑牢供水能力保障"一个基础"··········· 8
- 第二节 充分发挥体制机制优势 强化供水规范化管理"一个支撑"········· 20
- 第三节 因地制宜、革新技术 保障水质"一条底线"······················ 27
- 第四节 制度引领、扎实推进 树立城市节水"一个导向"················· 30
- 第五节 勇于探索、科技引领 突出供水智慧化"一个创新"··············· 37

第三章 "八八战略"指引下的浙江排水与污水处理行业发展·········· 42
- 第一节 多措并举助力排水与污水处理能力稳步提升····················· 42
- 第二节 制度先行引领排水与污水处理行业规范化管理··················· 46
- 第三节 齐抓共管推动排水与污水处理行业提质增效····················· 52
- 第四节 因地制宜推进污水处理行业绿色低碳转型························ 57
- 第五节 抓点扩面实现城镇排水和内涝防治能力全面提升················· 62
- 第六节 互联共享提升排水与污水处理行业智慧化水平··················· 71

第四章 "八八战略"指引下的浙江生活垃圾处理行业发展·············· 77
- 第一节 体制机制创新引领生活垃圾治理法治化和规范化发展············ 78
- 第二节 垃圾分类模式创新推动生活垃圾源头减量························ 84
- 第三节 完善垃圾清运系统助力生活垃圾处理行业提质增效·············· 90
- 第四节 多措并举推动生活垃圾处理能力稳步提升························ 93
- 第五节 互联共享提升生活垃圾处理行业智慧化水平······················ 102

第五章 "八八战略"指引下的浙江燃气行业发展 ········· 105
第一节 体制改革明确城市燃气行业发展方向 ········· 105
第二节 特许经营推动城市燃气供给能力提升 ········· 110
第三节 安全建设助力管道燃气严守发展底线 ········· 119
第四节 合规引导助力瓶装燃气企业规范运营 ········· 124
第五节 智慧化转型助力城市燃气高质量发展 ········· 128

第六章 "八八战略"指引下的浙江道路行业发展 ········· 132
第一节 高水平构建城市道路法规标准体系 ········· 132
第二节 高标准推进城市道路路网建设 ········· 137
第三节 精细化推进城市道路运行管理 ········· 141
第四节 高质量推进公共停车场建设和服务 ········· 146
第五节 高效能推进城市道路智慧化建设 ········· 150

第七章 "八八战略"指引下的浙江园林绿化行业发展 ········· 153
第一节 制度保障助力城市园林绿化规模不断提升 ········· 153
第二节 科学谋划打造新时代"浙派园林"品牌 ········· 162
第三节 "强指导、补短板"助力园林城市建设取得显著成效 ········· 165
第四节 监管方式创新开启信用园林建设"领跑模式" ········· 169
第五节 数字赋能提升城市园林绿化行业数智化治理水平 ········· 173

第八章 "八八战略"指引下浙江市政公用事业发展展望 ········· 177
第一节 浙江市政公用事业发展方向之一：更加智慧化 ········· 177
第二节 浙江市政公用事业发展方向之一：更加低碳化 ········· 180
第三节 浙江市政公用事业发展方向之三：更加均等化 ········· 181

后记 ········· 183

第一章 总 论

2003年，时任浙江省委书记的习近平同志聚焦如何发挥优势、如何补齐短板两个关键问题，提出了"八八战略"，这是引领浙江发展的总纲领，也为推进浙江省市政公用事业发展提供了根本遵循。二十年来，浙江省坚定不移推进"八八战略"，指引市政公用事业领域朝着绿色低碳、城乡协调、数字智慧的方向迈进，不断创新深化、改革攻坚，涌现出一批具有浙江辨识度、全国影响力的典型案例，推动市政公用事业供给质量、运行效率和监管效能提升。

第一节 "八八战略"与浙江市政公用事业绿色低碳发展

在"八八战略"的指引下，二十年来浙江省始终围绕"绿色浙江"建设目标，深入推进"生态省建设"和"千村示范、万村整治"工程，不断深化市政公用事业绿色化发展。在实现碳达峰、碳中和目标的历史进程中，浙江市政公用事业低碳化发展成为推动"八八战略"持续走深走实的重要时代命题。

一、"八八战略"推动生态省建设

2002年12月18日，习近平同志在浙江省委第十一届二次全体（扩大）会议上提出，积极实施可持续发展战略，以建设"绿色浙江"为目标，以建设生态省为主要载体，努力保持人口、资源、环境与经济社会的协调发展。2003年，习近平同志作出"八八战略"重大决策部署，提出要进一步发挥浙江的生态优势，创建生态省，誓用二十年左右的时间打造山川更秀美、人与自然更和谐的

"绿色浙江"。自此，浙江生态省建设全面启动，发布了《浙江生态省建设规划纲要》，明确生态工业与清洁生产、生态农业建设、生态林建设、万里清水河道建设、生态环境治理、生态城镇建设、农村环境综合整治、碧海生态建设、下山脱贫与帮扶致富、科教支持与管理决策等生态省建设的十大重点领域。

2004年，浙江省启动"811"环境污染整治行动计划。其中，"8"是指浙江省八大水系，"11"是指浙江省11个设区市，也指11个省级环境保护重点监管区。该计划提出了监督与建设并举的双重措施，重点整治化工、医药、皮革、印染、味精、水泥、冶炼、造纸等行业，对污水处理厂进行在线监测，对重点行业、重点项目、重点企业、重点地区的废气进行重点监测，提出"两个基本、两个率先"的要求。其中，"两个基本"是通过启动推进阶段，全省环境污染和生态破坏趋势基本得到控制，环境污染问题基本得到解决。"两个率先"是率先在县级以上城市建成污水和生活垃圾集中处理设施、率先建成环境质量和重点污染源自动监测网络。浙江省住房城乡建设部门积极推进县以上城市生活污水处理和生活垃圾集中处理设施建设，截至2007年，如期达到"两个基本、两个率先"要求。2006年，浙江省开始为期5年、投资400多亿元的万里清水河道建设、城市污水和生活垃圾处理设施建设等"百亿生态环境建设"工程。2019年，浙江省通过了中华人民共和国生态环境部组织的国家生态省建设试点验收，自此，浙江省建成了全国首个生态省。

二、"八八战略"指引浙江市政公用事业绿色低碳发展

在"八八战略"的指引下，在"生态省建设""千村示范、万村整治"工程等的推动下，浙江省市政公用事业各级行业主管部门高度重视治污水、保供水、抓节水、垃圾分类与处理、燃气普及、低碳道路、园林绿化等领域的建设和发展，着力推动浙江省市政公用事业的绿色低碳发展。其中，在城市供水与节水行业，通过供水设施改造、节水宣传等一系列措施，推动居民和工商业企业节约用水，推进国家节水型城市创建。在浙江省城市排水与污水处理行业，始终坚持应分尽分、应纳尽纳、应处理尽量处理的基本原则，不断推进城市排水与

污水处理设施建设，在全国率先实现污水处理设施县县全覆盖、镇镇全覆盖。通过地埋式或半地埋式城市污水处理厂建设、污水处理与光伏发电相结合，实现城市污水处理设施低碳化与绿色化发展。在城市生活垃圾分类与处理行业，高水平推进生活垃圾分类与处理工作，在全国率先实现生活垃圾"零增长""零填埋"，扎实推进餐厨垃圾资源化处理。在城市燃气行业，始终践行绿色低碳的发展理念，不断沿着产业规模化、服务均等化、效益高质量的发展路径，强化行业管理扁平化、规模化和智慧化改革，推动燃气消费持续增长。在城市道路行业，通过优化道路结构实现低碳节能，持续推动城市道路更新改造和智慧停车场建设。在城市园林绿化行业，通过口袋公园、绿道以及高架绿化等建设，不断增加园林绿化总体规模，优化布局园林绿化结构，高水平建设全域美丽大花园。由此可见，"绿色低碳"正逐渐成为浙江省市政公用事业高质量发展的鲜明底色。

第二节 "八八战略"与浙江市政公用事业城乡协调发展

浙江始终坚持以人民为中心的发展思想，忠实践行"八八战略"，以"城乡协调发展"为目标，不断提升市政公用设施城乡统筹功能，持续推进基本公共服务的均等化。

一、"八八战略"与城乡协调发展

2003年7月，习近平同志在浙江省委十一届四次全会（扩大）会议上明确提出，进一步发挥浙江的城乡协调发展优势，统筹城乡经济社会发展，加快推进城乡一体化。2004年1月，习近平同志在浙江省农村工作会议上提出，力争在统筹城乡经济社会发展上走在全国前列，积极探索有浙江特色的全面建设农村小康社会的新路子。同年3月，习近平同志在嘉兴召开全省第一个"统筹城乡发展、推进城乡一体化"工作座谈会，并提出到2010年基本消除城乡二元结构，城乡差别明显缩小，形成城乡协调发展格局。2005年1月，习近平同志主持制定了全国第一个省级层面的城乡一体化纲要——《浙江省统筹城乡发展 推进城乡一体化纲要》(以下简称《纲要》),对城乡一体化发展的内涵和目标任务作了系统阐述。《纲要》提出统筹城乡产业发展、统筹城乡社会事业发展、统筹城乡基础设施建设、统筹城乡劳动就业和社会保障、统筹城乡生态环境建设以及统筹区域经济社会发展六大主要任务,明确到 2020 年基本实现城乡一体化。其中,在统筹城乡基础设施建设的主要任务上,《纲要》指出按照优化生产力和人口布局的要求,加强对城乡基础设施的统筹规划和建设,着力改变农村基础设施建设滞后的状况。加快城乡一体化的交通基础设施建设,重点加强高速公路、干线公路和乡村道路建设,形成干支相连、区域成网、城乡通达的公路交通网络。加快城乡一体化的公共服务设施建设,重点加强农村供水供电网络、垃圾及污水收集处理设施、广播电视设施建设,促进城市公共服务设施向农村延伸。

在统筹城乡生态环境建设的主要任务上,《纲要》指出按照生态省建设的要求,进一步加大生态建设和环境保护力度,加快建设生态城镇和生态村庄,大力发展生态经济,完善防灾减灾体系,促进人与自然和谐发展。全面开展城乡环境保护和环境治理,加强对重点流域、重点区域和重点工业企业以及农业面源污染的整治,加强固体废弃物的综合治理和再生利用,加强城市和交通干线交通噪声综合治理,不断改善环境质量。逐步建立和完善生态补偿机制。加大生态公益林建设和自然保护区、风景名胜区、湿地资源保护力度,加快区域生态廊道建设,建设高标准平原绿化,形成一批重要生态功能保护区,确保区域生态安全。继续推进"万里清水河道""万里绿色通道"建设,治理水土流失,保护流域生态环境。大力发展循环经济,积极推广清洁能源,全面推进能源、原材料、水、土地等资源节约和综合利用工作,形成有利于节约资源和保护环境的产业结构和消费方式,创建资源节约型社会。到 2010 年,主要水系水质达到功能区标准化率在 80% 以上;城市生活垃圾无害化处理率达到 95%,农村生活垃圾收集率达到 70% 以上,无害化处理率达到 30% 以上。

此外,在健全城乡一体化规划体系中,《纲要》提出:抓紧修编省级土地利用总体规划和省域城镇体系规划,健全和完善分片区城市群空间发展战略规划、城市总体规划、市县域总体规划、镇（乡）域规划等，逐步形成比较完善的城乡规划编制体系和城乡一体的空间规划管制体系。以编制市县域总体规划为重点，进一步调整完善市县级土地利用总体规划和城乡一体的供排水、生态建设与保护等专项规划。规范建设项目规划选址，合理规划市县域范围内城镇建设发展、生态保护、农田保护、农村社区以及城乡基础设施和公共设施的空间布局，逐步形成城乡一体化的公共交通、供水供电、邮电通信、垃圾处理、环境保护体系，促进城乡人居环境改善。深化城乡规划编制工作改革，加强规划执法，强化区域性规划的综合协调功能，突出以人为本，强调统筹兼顾，坚持保护与利用并重，合理控制环境容量，科学确定建设标准，促进城乡可持续发展。

二、"八八战略"指引浙江市政公用事业城乡协调发展

在"八八战略"的引领下，浙江市政公用事业坚持城乡协调发展，在"八八战略"实施的二十年中，结合推进"千村示范、万村整治"工程，市政公用各行业、各领域坚持同产品、同质量、同服务、同价格的原则，深化改革和发展。

在城市供水与节水行业方面，浙江省启动了"千万农民饮用水"工程，通过"千村示范、万村整治"工程设立城乡供水一体化专项资金，加速推进城乡供水工程和设施建设。在城市排水与污水处理领域，浙江统筹规划农村生活污水治理，科学选用治理模式和技术，强化农业面源污染治理。同时，在考虑地形地貌条件的基础上，采用分散化小型污水处理设施处理农村污水，主要实行县（区）、镇的集中处理，实现城乡范围内污水全收集、全处理。在城市生活垃圾分类与处理领域，浙江省通过"千村示范、万村整治"工程有效解决农村生活垃圾管理问题。2017年，浙江在全省范围推动垃圾分类工作，实现了城乡垃圾分类处理的全面覆盖，回收利用率超过60%，资源化利用率达100%，城乡居民参与垃圾分类的积极性和准确性显著提升。在城市燃气行业，浙江省不断向农村推进供气设施，致力于实现燃气"镇镇通、村村通"工程。在城市道路领域，20世纪初，浙江在国内率先启动了康庄工程，基本实现了行政村村村通公

路。在城市园林绿化领域，通过"千村示范、万村整治"工程，推动"绿色示范村"和"万里绿色通道"建设，推进"浙江省园林城镇"评估工作，提升整个省份城市园林绿化建设和管理水平。

第三节 "八八战略"与浙江市政公用事业数字智慧发展

二十年来，浙江省沿着"八八战略"指引的"数字浙江"方向，持续推动市政公用事业的数字化和智慧化发展，并积极向数智化和数治化迈进。

一、"八八战略"与数字智慧发展

2003年1月，习近平同志在浙江首次提出了"数字浙江"建设的构想。同年7月，"数字浙江"建设被纳入"八八战略"的重要内容之中。2014年，浙江省推出了"四张清单一张网"政务服务平台建设方案，旨在推动政务服务的现代化。同年6月，全国首个省、市、县一体化的网上政务服务平台——浙江政务服务网正式上线运行。2016年12月，为提高政务服务效率，浙江省率先启动了"最多跑一次"改革。2018年1月，浙江省第十三届人民代表大会第一次会议提出了"推进政府数字化转型"的倡议。2021年2月，浙江省正式启动数字化改革，标志着"数字浙江"建设进入数字化改革新阶段，是浙江省忠实践行"八八战略"的具体行动，也是浙江省立足新发展阶段、贯彻新发展理念、构建新发展格局的重大战略举措。2023年，浙江省提出了更大力度实施数字经济创新提质的"一号发展工程"。"数字浙江"及习近平同志关于数字化改革的重要论述，是浙江省持续深化数字化改革的重要源泉和强大动力。

二、"八八战略"指引浙江市政公用事业数字智慧发展

随着"数字浙江"建设的持续推进，浙江省市政公用事业的数字化、数智化和数治化程度不断提升。从最初的传统纸质数据填报，逐步实现全流程数据流汇集、统计分析、监测预警和决策等功能，实现了由"数"向"智"再向

"治"的转变。在城市排水与污水处理领域,从最初对末端排水数据的实时监测,转向进出水水质在线监测,再转向对小区、管网、泵站、污水处理厂、尾水等全流程数据的汇聚、分析、监测、预警和决策的一站式平台。在城市生活垃圾分类领域,建立了城市生活垃圾分类大数据展示平台或智能监管平台来推进监管数字化转型。此外,浙江省非常重视依托数字平台对地下管线进行监管,不断提升地下管线的治理水平,浙江省住房和城乡建设厅推广部署"浙里城市生命线"集成应用专项场景,全面推动城市基础设施安全运行监测试点省建设工作。在"数字浙江"建设的大背景下,浙江省市政公用事业各行业、各领域不断推进企业运行数字化和行业监管数字化的双重改革。通过数字赋能,实现了不同部门、不同层级的全链条数据的汇集,并运用数字技术对市政公用事业进行统计、分析、监测、预警和决策,不断提升各级市政公用事业行业主管部门监管的有效性、监测与预警的精准性以及决策的科学性。

综上所述,"八八战略"为浙江省市政公用事业的发展指明了方向,锚定了"基本建成与新型城市化相适应的城市市政公用事业体系,城市市政公用基础设施水平走在全国前列"的目标,不断推动着浙江省市政公用事业走在绿色低碳、城乡协调、数字智慧的高质量发展之路上。通过不懈努力,浙江不断推进基础设施的高水平建设和高质量管理,为浙江省市政公用事业的平稳快速发展提供了重要支撑,成为其高质量发展的重要驱动力。接下来,本书将重点分析浙江供水与节水行业、排水与污水处理行业、生活垃圾处理行业、燃气行业、道路行业、园林绿化行业六大行业在"八八战略"实施二十年来取得的发展成效。并在此基础上,展望"八八战略"指引下浙江市政公用事业的发展方向。

第二章 "八八战略"指引下的浙江供水与节水行业发展

供水与节水行业作为市政公用事业的重要组成部分，直接关系到经济建设和民生福祉。"八八战略"实施二十年来，浙江省始终将推动城市供水与节水行业的高质量发展作为重要目标，遵循提质保供、提升服务、节水优先的基本原则，在"五水共治"总体方案的基础上深入推进保供水和抓节水工作，持续推动城市供水设施建设的提质增效和城乡供水一体化改革，使浙江省的供水能力一直稳居全国前列。同时，不断完善城市供水与节水行业相关法律法规和制度体系，加强行业监督管理，建立规范化管理体系。通过持续提升原水质量、提高制水技术、加强水质监测以及稳步推进二次供水改造等措施，确保供水质量。积极推进节水型载体创建，强化城市节约用水管理，已成功创建国家级节水型城市14个。此外，建立城市智慧供水平台，以数据和技术为支撑，推动行业管理水平全面提升。在智慧供水领域，浙江省积累了丰富经验，不断推动城市供水与节水行业的高质量发展。

第一节 发挥城乡协调发展优势 筑牢供水能力保障"一个基础"

"八八战略"实施二十年来，浙江省以行业高质量发展为目标，持续推动城市供水与节水行业的快速发展，通过有力的发展举措和实际成效回应了群众对美好生活的期待。通过贯彻以人民为中心的发展思想，持续推进城乡供水一体化改革，助力浙江省率先在全国基本实现城乡同质饮水的重要目标。

一、供水设施建设助力行业发展上台阶

（一）城市公共供水厂建设成果显著

"八八战略"实施二十年来，浙江省在持续推进供水管网建设的同时，通过新建或扩建自来水厂以及提升自来水厂工艺等多种方式推动城市水厂建设。截至2022年，浙江全省共有167家城市水厂，其中设计能力50万吨/日及以上的水厂共有8家，包括绍兴市宋六陵水厂、杭州市九溪水厂、杭州市闲林水厂、杭州市萧山区第三水厂、杭州市江东水厂、宁波市东钱湖水厂、宁波市毛家坪水厂和宁波市桃源水厂。绍兴市宋六陵水厂的设计能力最大，达到80万吨/日；设计能力10万吨/日及以上的水厂共有98家。与水厂规模的扩容相匹配，处理工艺也在持续提升。截至2022年，已有37家水厂实现了深度处理。水厂工艺的提升还得益于智能化和数字化技术的广泛应用，截至2022年，浙江省共有150多家水厂实现了净水工艺和消毒设备的智能化，并建有自动化管理平台，水厂实验室和水质在线监测覆盖率分别达到95.8%和99.4%。

（二）供水管道建设不断推进

城市供水管道建设是城市供水输送的重要保障，也是提高城市供水品质和城市供水综合承载能力的基础。"八八战略"实施二十年来，浙江省通过城区建设和发展、城市有机更新以及城乡供水一体化等多种途径，持续推进城市供水管道新建和更新改造。由图2-1可知，浙江省城市供水管道长度由2003年的24126.94公里增至2022年的105237.85公里，增长了约3.36倍，年均增速达到7.64%。

"八八战略"实施二十年来，浙江通过持续稳定的城市供水行业固定资产投资，切实保障了城市供水管道的建设。由图2-2可知，2003—2022年浙江城市供水行业固定资产投资额与新增供水管道长度的变化趋势基本趋同。其中，2018—2019年浙江省城市供水行业固定资产投资额达到峰值，超过了60亿元。城市新增供水管道长度则在2020年达到峰值，为14669.94公里。

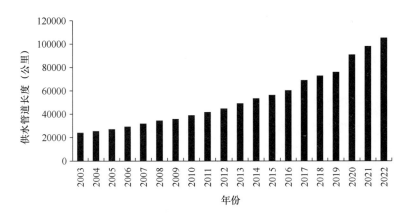

图 2-1　2003—2022 年浙江省城市供水管道建设情况

资料来源：《中国城市建设统计年鉴》（2004—2023），中国统计出版社。

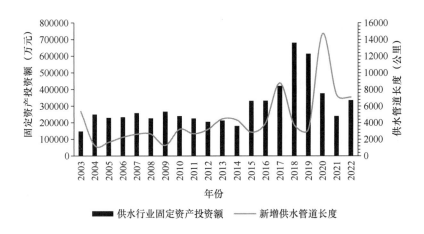

图 2-2　2003—2022 年浙江省城市供水行业固定资产投资额与新增供水管道长度情况

资料来源：《中国城市建设统计年鉴》（2004—2023），中国统计出版社。

"八八战略"实施二十年来，浙江省城市供水管道建设增速与供水管道总长度长期位于全国前列。由图 2-3 和表 2-1 可知，以上一年为基年，2003 年浙江省城市供水管道长度增速达到 28.56%，远远超过全国供水管道的总体增幅。二十年来，浙江多数年份的城市供水管道增速高于全国平均水平。城市供水管道建设的快速推进使浙江城市供水管道长度一直处于全国第一梯队。其中，2003 年浙江省城市供水管道长度位居全国第 4 位。此后，伴随着供水管道建设的不断推进，2008 年浙江省城市供水管道长度升至全国第 3 位，并维持至今。2003 年，浙江省城市供水管道长度超出全国平均值124.41%,此后多年维持在全国平均值的两倍以上。尤其2022年浙江省城市供水管道长度首度达到全国平均值的3倍以上。自2009年住房城乡建设部开展城市建成区供水管网密度统计以来,浙江省城市建成区供水管网密度一直稳居全国前4位。其中,2022年位居全国第2位,比全国平均水平高47.28%。

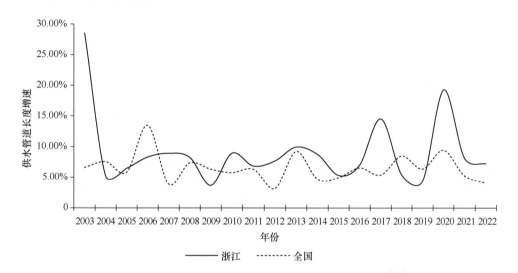

图 2-3 2003—2022年浙江省城市供水管道长度增速情况

资料来源:《中国城市建设统计年鉴》(2004—2023),中国统计出版社。

2003—2022年浙江省城市供水管道长度在全国的位次和超出全国均值　　表 2-1

年份	浙江省城市供水管道长度在全国的位次	浙江省城市供水管道长度超出全国的比例
2003	4	124.41%
2004	4	119.61%
2005	4	120.92%
2006	4	110.87%
2007	4	121.04%
2008	3	122.88%
2009	3	117.35%
2010	3	123.88%

续表

年份	浙江省供水管道长度在全国的位次	浙江省城市供水管道长度超出全国的比例
2011	3	125.01%
2012	3	134.86%
2013	3	136.42%
2014	3	145.55%
2015	3	146.42%
2016	3	147.49%
2017	3	168.97%
2018	3	161.32%
2019	3	164.72%
2020	3	188.52%
2021	3	196.33%
2022	3	205.32%

资料来源：《中国城市建设统计年鉴》（2004—2023），中国统计出版社。

二、供水能力的增强满足了居民用水需求

（一）城市居民用水需求持续上涨，对供水能力提出更高要求

随着城市化进程的快速推进，浙江省城市用水需求在不断增长，这对城市供水能力提出更高的要求。图2-4呈现了2003—2022年浙江省城市用水户数及

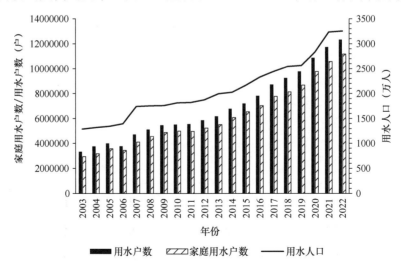

图2-4　2003—2022年浙江省城市用水户数及用水人口变化趋势
资料来源：《中国城市建设统计年鉴》（2004—2023），中国统计出版社。

用水人口变化趋势。由该图可知，2003 年浙江城市用水人口为 1290.23 万人，城市用水户数为 332.55 万户。其中，城市家庭用水户数为 293.24 万户。截至 2022 年，城市用水人口达到 3254.23 万人，城市用水户数增至 1232.69 万户。其中，城市家庭用水户数增至 1116.96 万户。2003—2022 年，浙江省城市用水人口增加了 1.52 倍，年均增长 5.27%。城市用水户数增长 2.71 倍，年均增长 7.55%。其中，城市家庭用水户数增长 2.81 倍，年均增长 7.71%。

从 2003—2022 年浙江省城市人均用水量变化趋势（图 2-5）来看，浙江省城市人均用水量略高于全国平均水平，并于 2005 年达到峰值，其后呈现出下降趋势，2007 年以后基本趋于稳定，这与"八八战略"实施二十年来，浙江省高度重视节约用水工作有关。

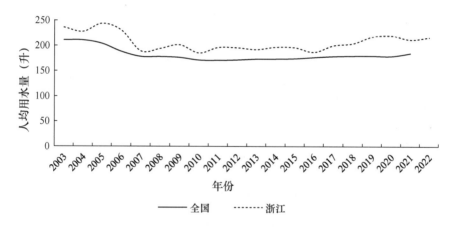

图 2-5 2003—2022 年浙江省城市人均用水量变化趋势

资料来源：《中国城市建设统计年鉴》（2004—2023），中国统计出版社；《浙江城市建设统计年鉴》（2022）。

（二）城市供水能力显著提升

为满足不断增长的城市用水需求，"八八战略"实施二十年来，浙江省不断加大城市供水行业的投资力度，加强城市供水厂网设施的建设，持续提升城市供水行业的供应能力。由 2003—2022 年浙江省城市供水综合生产能力与供水总量情况（图 2-6）可知，总体上浙江省城市供水综合生产能力与供水总量呈现出不断上升的趋势。其中，城市供水综合生产能力由 2003 年的 1179.37 万吨/日增至 2022 年的 2131.67 万吨/日，增长近 1 倍，年均增速达到 3.34%。而城市供水总量由 2003 年的 23.55 亿吨增至 2022 年的 47.49 亿吨，增长超过 1 倍，年均增速接近 4%。

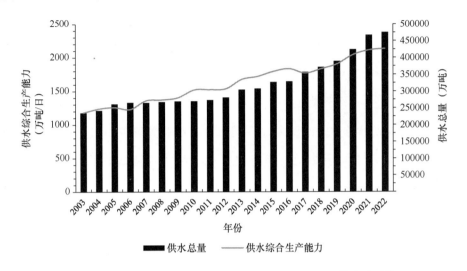

图 2-6　2003—2022 年浙江省城市供水综合生产能力与供水总量情况

资料来源：《中国城市建设统计年鉴》(2004—2023)，中国统计出版社。

"八八战略"实施二十年来，浙江省不断推进城市供水设施建设，持续提升城市供水行业管理水平，城市供水行业综合生产能力和供水总量位居全国前列。从 2003—2022 年浙江省城市供水综合生产能力增速情况来看（图 2-7），除个别年份之外，浙江省城市供水行业综合生产能力长期保持增长势头，且高于全国平均增幅。同时，浙江省城市供水行业综合生产能力的快速增长也带来了在全国位次的不断提升。其中，2003 年浙江省城市供水行业综合生产能力位居全国第 9 位。此后逐年攀升，2004—2009 年升至全国第 6～8 位，2010—2019 年稳居全国第 5 位。自 2020 年开始，浙江省城市供水行业综合生产能力跃居全国第 3 位，仅次于广东和江苏两个人口和供水大省。2003 年，浙江省城市供水行业综合生产能力高出全国平均水平 52.54%，2010 年开始稳定超出全国平均水平 70% 以上，2020 年浙江省城市供水行业综合生产能力再次实现突破，达到全国城市供水综合生产能力均值的 2 倍以上（表 2-2）。

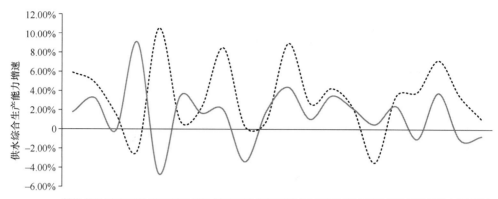

图 2-7 2003—2022 年浙江省城市供水综合生产能力增速情况

资料来源:《中国城市建设统计年鉴》(2004—2023),中国统计出版社。

2003—2022 年浙江省城市供水行业综合生产能力在全国的位次及超出全国均值的比例　　　　表 2-2

年份	浙江省城市供水行业综合生产能力在全国的位次	浙江省城市供水行业综合生产能力超出全国均值的比例
2003	9	52.54%
2004	8	54.96%
2005	7	57.60%
2006	8	41.22%
2007	6	63.74%
2008	8	59.59%
2009	7	60.57%
2010	5	70.70%
2011	5	77.22%
2012	5	75.41%
2013	5	83.06%
2014	5	86.01%
2015	4	87.39%
2016	4	87.46%

续表

年份	浙江省城市供水行业综合生产能力在全国的位次	浙江省城市供水行业综合生产能力超出全国均值的比例
2017	5	80.03%
2018	5	81.88%
2019	5	97.02%
2020	3	103.45%
2021	3	112.68%
2022	3	116.48%

资料来源：《中国城市建设统计年鉴》(2004—2023)，中国统计出版社。

从 2003—2022 年浙江省城市供水总量增速情况来看（图 2-8），2003—2022 年浙江省城市供水总量常年保持增长，且年度城市供水总量增速长期大于全国增速。其中，2003 年浙江省城市供水总量位居全国第 8 位，此后以高于全国平均增速的势头实现供水总量的快速增长。2010—2014 年，浙江省城市供水总量稳居全国第五位，2015—2019 年升至全国第四位，2020—2022 年升至全国第三位。2003 年浙江省供水总量高于全国平均水平 53.64%，2013 年开始稳定超出全国平均水平 70% 以上。2020 年，伴随着城市供水行业综合生产能力的提升，

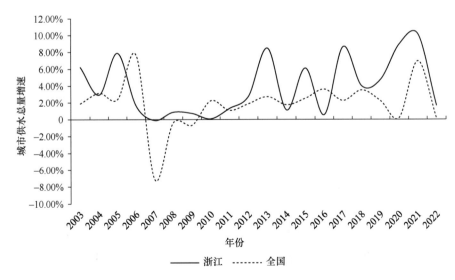

图 2-8 2003—2022 年浙江省城市供水总量增速情况

资料来源：《中国城市建设统计年鉴》(2004—2023)，中国统计出版社。

浙江省城市供水总量达到全国均值的 2 倍以上，近年仍在持续增长（表 2-3）。

2003—2022 年浙江省城市供水总量在全国的位次与超出全国均值的比例　表 2-3

年份	浙江省城市供水总量在全国的位次	浙江省城市供水总量超出全国均值的比例
2003	8	53.64%
2004	7	53.32%
2005	8	61.53%
2006	7	52.44%
2007	6	64.00%
2008	5	66.05%
2009	6	68.38%
2010	5	64.83%
2011	5	65.19%
2012	5	66.65%
2013	5	75.96%
2014	5	74.89%
2015	4	80.98%
2016	4	75.65%
2017	4	86.62%
2018	4	87.48%
2019	4	98.27%
2020	3	115.57%
2021	3	121.99%
2022	3	125.33%

资料来源：《中国城市建设统计年鉴》（2004—2023），中国统计出版社。

（三）全面普及城市供水

"八八战略"实施二十年来，浙江省始终践行以人民为中心的发展思想，不断提高城市供水普及率。2003 年以来，浙江省城市供水普及率一直高于全国供水普及率（图 2-9）。2007 年全国城市供水普及率开始超过 90%，2021 年开始超过 99%。与之相比，2003 年浙江省城市供水普及率达到 98.24%，位居全国第 6 位。2005 年，浙江省城市供水普及率突破 99%，2017 年以来浙江省城市供水普及率达到 100%，成为继北京、天津、上海、青海后全国第五个实现城市供水普及率100%的省（市、自治区）。同时，2022年浙江省所有设市城市的供水普及率均达到100%。从公共供水普及率来看，2021年和2022年浙江省分别为99.69%和99.73%，均高于同期全国公共供水普及率。

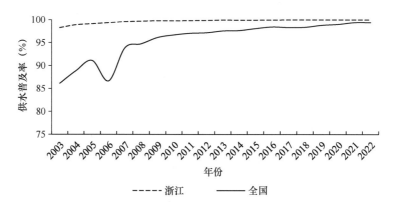

图2-9　2003—2022年浙江省供水普及率与全国城市供水普及率对比

资料来源：《中国城市建设统计年鉴》（2004—2023），中国统计出版社。

三、城乡供水一体化改革增进民生福祉

"八八战略"实施二十年来，浙江省高度重视城乡供水一体化①改革，将"同网、同质、同服务"作为城乡供水行业发展的基本理念，加强顶层设计和规划引领，有力推动城乡供水一体化。

（一）以顶层设计筑牢根基

"八八战略"实施之初，浙江省就将统筹城乡发展、加强城乡饮用水安全保障列为重点工作。2003年，浙江省开启了"千万农民饮用水"工程，促进基础设施和公共服务向农村延伸覆盖。2006年，《浙江省人民政府关于切实加强城乡饮用水安全保障工作的通知》（浙政发〔2006〕11号）发布，提出：加快城乡供水工程和设施建设，不断提高城乡供水保障水平；加强监管，确保城乡饮用水水质安全。2019年，浙江省住房和城乡建设厅提出摸清全省新增城乡供水一体

---

① 城乡供水一体化是指通过将供水管网由城市向乡镇延伸，建立一体化的城乡供水网络，基本上实现城乡供水联网，达到城乡居民共享优质供水的目的。

化水厂规模、泵站规模、管网长度、项目投资底数，同时将城乡一体化供水任务纳入"五水共治"和建设系统年度考核任务。"十三五"期间，浙江省在全国率先基本实现城乡同质饮水，建设形成以城市供水县域网为主、乡镇局域供水网为辅、单村水厂为补充的三级供水网。2021年，为加强供水系统的运行管理、保障城乡供水安全，实现城乡"同网、同质、同服务"，浙江省住房和城乡建设厅发布多项管理标准和技术规程，助力规范城乡一体化供水延伸管网的运行管理，保障水质、水量和水压满足城镇及农村供水需求。

（二）以规划引领带动发展

在省级层面政策、规划、资金和标准的基础上，浙江省住房和城乡建设厅指导各地积极探索供水城乡一体化专项规划和建设实施方案编制，加强城乡统筹区域城市管网延伸工程建设与长效管理工作，推动城乡厂网站一体化建设，以规划引领带动地方供水城乡一体化改革。在浙江省住房和城乡建设厅及其他相关部门的指导下，杭州市、嘉兴市等在城乡供水一体化改革中作出了有益尝试，并取得了一系列成效。其中，嘉兴市依托《嘉兴市城乡一体化发展纲要》，出台了《关于加快市本级城乡一体化供水的实施意见》《嘉兴市本级城乡供水一体化建设管理改革实施方案》等一系列文件，支持和促进水厂和管网建设，实现了乡镇供水企业的全面改制和域外配水工程的建成通水。

（三）以提标行动实现同质饮水

在"千万农民饮用水"工程的基础上，2018年浙江省委、省政府决策部署《浙江省农村饮用水达标提标行动计划（2018—2020年）》，迈出了浙江省供水城乡一体化的关键一步，有序推进全省农村饮用水达标提标工作。一是加强工程建设，遵循"能延则延、能并则并""以大代小、小小联合"的原则，加大城镇管网延伸和联网工程建设，提升规模化供水水平。2018—2020年，撤并单村单点工程6000余处，全面配齐村级水站净水、消毒设施，累计投入214亿元，新增改造城市供水管网延伸主干管3986公里，新增改造村内管网9887公里，新增城乡供水一体化覆盖农村人口410万人，新增达标人口1054万人，同期改善人数位居全国第一。二是创新建立县级统管，对全省有农村饮用水任务的84个县（市、区）全面明确统管机构。其中 64 个县（市、区）由水务公司统管，其余成立专管机构，有效破解管理难题。浙江省农村饮用水达标人口覆盖率达到 95%，城乡规模化供水人口覆盖率超过 85%，农村供水水质达标率超过 92%，在全国率先基本实现城乡同质饮水。三是智治保安全增绩效，打造城乡供水数字化应用，全省供水厂站、水源全部入库、联网，共享环境、建设等信息，同时加快"一县一平台"应用的深度开发，打造"管理＋服务"的数字化供水新格局。

第二节　充分发挥体制机制优势　强化供水规范化管理"一个支撑"

"八八战略"实施二十年来，浙江省以城市供水与节水行业高质量发展为目标，不断完善城市供水与节水行业的法律法规和制度体系，加强行业标准、规程和技术规范体系建设，切实服务行业改革方向和行业建设重点，健全供水规范化管理考核机制，完善供水水质第三方抽样检测体系，从制度上保障全省城市供水与节水行业的建设、运维和监管全流程高质量推进。

一、健全城市供水与节水行业的法律法规体系

法律法规体系建设是城市供水与节水行业发展的重要基础。"八八战略"实施二十年来，浙江省在国家城市供水与节水相关法律法规以及住房城乡建设部等国家部委的部门规章指导下，结合浙江省情出台了一系列行业法规、规章和制度文件，为城市供水行业管理与城市节水工作开展奠定重要的制度基础。城市供水与节水行业发展方向已由量的保障转向质的提升，城乡供水一体化改革、供水智慧化改革以及二次供水改造对城市供水行业的标准完善和规范化管理提出更高要求。坚持科学管控和制定标准提升供水管网运行管理水平，保障供水设施安全运行，提升城市供水水质，为城乡供水一体化、供水智慧化改革以及二次供水改造提供标准化支持和规范性引导，成为"八八战略"实施二十年来浙江省城市供水与节水行业体制改革的重要目标和任务。

一是出台相关条例。水源是城市供水的根本保证。为合理开发、利用、节约和保护水资源，发挥水资源的综合效益，保护生态平衡，2002年10月31日，浙江省第九届人民代表大会常务委员会第三十九次会议通过了《浙江省水资源条例》，成为浙江省首个水资源条例。此后，2003年杭州市出台《杭州市生活饮用水源保护条例》，2016年绍兴市出台《绍兴市水资源保护条例》，2017年丽水市出台《丽水市水资源保护条例》等。2020年9月24日，浙江省第十三届人民代表大会常务委员会第二十四次会议通过新的《浙江省水资源条例》。该条例坚持节水优先、空间均衡、系统治理、两手发力的基本原则，实行最严格的水资源管理制度，对水资源规划、节水工作开展和再生水利用等均作出明确规定，是浙江省开发、利用、节约和保护水资源的基本依据。同时，2011年12月13日浙江省第十一届人民代表大会常务委员会第三十次会议通过了《浙江省饮用水水源保护条例》[①]，在此基础上，各地相应出台地方性的水源保护条例。

二是出台城市供水管理办法或条例。2005年正式实施《浙江省城市供水管理办法》，该办法对城市供水水源管理、城市供水工程建设和设施维护、城市供水经营和运行管理等均作出明确规定，提出了城市供水设施新建、改建和扩建工程设计、施工、监理以及验收的基本要求，明确了城市供水企业的基本职责。在此基础上，各地相继出台城市供水管理条例和办法，具体如表2-4所示。

浙江省各地城市供水管理条例或办法情况 表2-4

浙江省各地城市供水管理条例或办法名称	浙江省各地城市供水管理条例或办法实施或修正时间（或文号）
《杭州市城市供水管理条例》	1999年9月3日浙江省第九届人民代表大会常务委员会第十五次会议通过，2001年、2004年、2010年、2014年共进行了四次修正
《绍兴市城市供水管理办法》	政府令〔2003〕60号，自2003年5月1日起施行
《丽水市城市供水管理实施办法》	2003年起实施

---

① 《浙江省饮用水水源保护条例》于2018年11月30日浙江省第十三届人民代表大会常务委员会第七次会议和2020年11月27日浙江省第十三届人民代表大会常务委员会第二十五次会议做了两次修正。

续表

浙江省各地城市供水管理条例或办法名称	浙江省各地城市供水管理条例或办法实施或修订时间（或文号）
《嘉兴市城市供水管理办法》	2008年起实施
《金华市区城市供水管理办法》	金政办发〔2014〕119号
《湖州市区城市供水管理办法》	湖政办发〔2016〕90号
《衢州市城市供水管理办法》	衢政办发〔2016〕44号
《舟山市城乡供水管理办法》	舟政发〔2017〕66号
《温州市城市供水用水管理办法》	温政办〔2020〕70号
《宁波市供水和节约用水条例》	2022年12月23日宁波市第十六届人民代表大会常务委员会第七次会议通过

资料来源：作者整理。

三是出台城市节水管理办法或条例。早在2004年，浙江省住房和城乡建设厅就会同省经贸委、省水利厅依照《中华人民共和国水法》编制《浙江省用水定额》，并以此为依据在全省范围内开展水平衡测试工作，推进节水改造项目，规范用水行为。2007年，《浙江省节约用水办法》正式颁布，详细规定浙江省内用水、供水、节水及相应的监督处罚，明确节约用水规划、用水定额和用水计划制定、节水设施建设、用水实行计量收费和超计划累进加价制度等内容，为浙江省节约用水管理提供重要依据①。此外，浙江省内各地相继出台城市节约用水管理办法，如表2-5所示。

浙江省各地城市节约用水管理办法情况 表2-5

浙江省各地城市节约用水管理办法名称	浙江省各地城市节约用水管理办法实施或修订的时间（或文号）
《杭州市城市节约用水管理办法》	2006年9月11日杭州市人民政府第119次常务会议审议通过，自2007年1月1日起施行
《嘉兴市节约用水管理办法》	嘉政发〔2007〕105号
《金华市区城市节约用水管理办法》	2015年起施行
《台州市节约用水管理办法》	台政发〔2015〕12号
《衢州市市区节约用水管理办法（试行）》	衢政办发〔2015〕77号
《丽水市城市节约用水管理办法（试行）》	丽政办发〔2015〕185号

① 该办法已于2020年正式废止。

续表

浙江省各地城市节约用水管理办法名称	浙江省各地城市节约用水管理办法实施或修订的时间（或文号）
《绍兴市区城市节约用水管理办法》	绍政发〔2016〕14号
《湖州市区节约用水管理办法》	湖政办发〔2016〕90号
《舟山市节约用水办法》	舟政发〔2017〕67号
《温州市城市节约用水管理办法》	温政办〔2020〕71号
《宁波市供水和节约用水条例》	2022年12月23日宁波市第十六届人民代表大会常务委员会第七次会议通过

资料来源：作者整理。

二、加强城市供水与节水行业的标准、规程和规范体系建设

"八八战略"实施二十年来，浙江省城市供水与节水行业坚持标准规范化，在现代化水厂标准、供水管网技术标准与规程以及二次供水改造规程与标准等方面，不断加强立法和制度保障。

一是不断完善水厂与供水管网技术标准和规程（表2-6）。浙江省住房和城乡建设厅于2019年10月发布了《城镇净水厂安全运行管理规范》DB 33/T 1177—2019，制定了浙江省城镇净水厂水质安全、设施安全、设备安全、信息化安全以及作业安全等一系列管理规范。为了助推供水城乡一体化，浙江省住房和城乡建设厅先后发布了浙江省工程建设标准《城乡一体化供水延伸管网运行管理标准》DB 33/T 1225—2020和《城乡一体化供水管网物联网信息系统应用技术规程》DB 33/T 1220—2020，并于2021年开始实施。前者以规范城乡一体化供水延伸管网的运行管理，保障水质、水量和水压满足城镇及农村供水需求为目标，在数据采集、水质管理、调度、维护以及安全管理等方面提出相关要求。后者则对规范城乡一体化供水管网物联网信息系统应用，数据的采集、存储、分析和管理提出相应的技术要求。

浙江省供水行业标准及技术规范情况　　　　　　　　　　表 2-6

浙江省供水行业标准及技术规范名称	浙江省供水行业标准及技术规范编号
《城镇净水厂安全运行管理规范》	DB 33/T 1177—2019
《城乡一体化供水延伸管网运行管理标准》	DB 33/T 1225—2020
《城乡一体化供水管网物联网信息系统应用技术规程》	DB 33/T 1220—2020
《浙江省城市供水现代化水厂评价标准》	—

资料来源：作者整理。

二是通过出台和完善技术规程和标准推动二次供水改造（表2-7）。2019年6月，浙江省住房和城乡建设厅发布了《住宅建筑生活二次供水工程技术规程》DB 33/T 1171—2019，并于2019年12月1日实施，该规程提出了浙江省二次供水设计、施工、验收以及运行维护的技术要求，为加强和改进二次供水设施建设与管理、全面提升供水水质和服务质量的主要技术标准提供了参照和指导。2021年4月，浙江省住房和城乡建设厅等五部门发布了《浙江省住房和城乡建设厅　浙江省发展和改革委员会　浙江省财政厅　浙江省公安厅　浙江省卫生健康委员会关于加强城市居民住宅二次供水设施建设与管理的指导意见》，进一步明确了浙江省二次供水改造的总体目标，以及全面加强建设和改造质量、全面推行规范化运维管理、全面加强监督管理的总体工作任务。

浙江省二次供水改造相关重要文件和标准、规程情况　　　　　　　表 2-7

浙江省二次供水改造相关重要文件和 标准、规程名称	浙江省二次供水改造相关重要文件和 标准、规程实施或修订时间（或文号）
《浙江省住房和城乡建设厅　浙江省发展和改革委员会　浙江省财政厅　浙江省公安厅　浙江省卫生健康委员会关于加强城市居民住宅二次供水设施建设与管理的指导意见》	浙建〔2021〕4号
《住宅建筑生活二次供水工程技术规程》	DB 33/T 1171—2019
《杭州市新建高层住宅二次供水设施技术标准导则（试行）》	—
《关于理顺中心城区中高层住宅二次供水管理体制的实施意见》	甬政发〔2011〕7号
《宁波市中心城区高层住宅二次供水管理指导意见》	甬水资〔2019〕9号
《温州市人民政府办公室关于规范温州市居民住宅二次供水设施建设与管理的实施意见》	温政办〔2021〕67号
《关于做好温州市居民住宅二次供水设施移交管理的指导意见》	温二供办〔2021〕1号

续表

浙江省二次供水改造相关重要文件和 标准、规程名称	浙江省二次供水改造相关重要文件和 标准、规程实施或修订时间（或文号）
《关于印发〈温州市住宅建筑生活二次供水工程技术导则〉的通知》	温住建发〔2022〕98号
《温州市区居民住宅二次供水设施改造市级补助资金管理办法》	温财投资〔2022〕3号
《嘉兴市市区居民住宅二次供水设施建设技术规程》	嘉建〔2019〕9号
《关于加强市区高层住宅二次供水设施建设与管理的实施意见》	嘉建办〔2020〕63号
《嘉兴市市区高层住宅二次供水设施移交管理办法》	嘉建〔2020〕6号
《金华市高层住宅二次供水管理办法》	金政办发〔2018〕96号
《金华市高层住宅二次供水设施建设技术导则》	金市建〔2019〕71号
《金华市区高层住宅二次供水设施移交管理办法》	金市建〔2019〕91号
《金华市区二次供水设施改造项目管理和资金拨付实施细则》	金市建〔2019〕196号
《衢州市区住宅二次供水设施建设与管理实施意见》	衢住建〔2020〕4号
《衢州市区住宅建筑生活二次供水工程技术规程（试行）》	衢住建办〔2020〕111号
《衢州市区住宅二次供水设施移交管理办法（试行）》	衢住建办〔2021〕60号
《丽水市区高层住宅二次供水管理办法（试行）》	丽建发〔2022〕58号
《丽水市区高层住宅二次供水设施技术规程》	—

资料来源：作者整理。

三是出台浙江省供水智慧化相关标准规范。为搭建浙江省智慧城管平台，出台《浙江省智慧城管工作绩效评价指标（试行）》和《浙江省推进智慧城管发展三年行动计划（2018—2020年）》等指标和计划。浙江省住房和城乡建设厅先后出台《城镇供排水管网智能化技术标准》DBJ 33/T 1279—2022、《浙里城市生命线及地下空间综合治理应用区县级供水安全场景建设指南》和《浙里城市生命线及地下空间综合治理应用区县级供水安全场景数据汇交标准》[①]。

四是出台《浙江省城市供水现代化水厂评价标准》。随着《生活饮用水卫生标准》GB 5749—2006[②]等国家标准的不断完善，浙江省通过出台地方标准推动行业发展。2013年，浙江省城市水业协会发布了《浙江省城市供水现代化水厂评价标准》，并于2018年进行修订，该标准从出水水质要求、净水工艺、电气机

---

① 详见网络链接：https://jst.zj.gov.cn/art/2023/6/27/art_1229159343_58933018.html。
② 2022年3月15日，国家市场监督管理总局和国家标准化管理委员会联合发布《生活饮用水卫生标准》GB 5749—2022，代替《生活饮用水卫生标准》GB 5749—2006，自2023年4月1日起实施。

械设备、自动化和信息化等多个维度定义了浙江省现代化水厂的评价标准，成为浙江省智慧水厂建设的重要参照标准。其中，在自动化和信息化的评价标准方面，对现代化水厂的生产监控系统、安全防护系统以及综合管理信息系统的评价要求、评价方法和评分标准进行了界定。

三、完善城市供水行业的监督管理考核体系

为进一步加强城市供水行业的规范化管理，确保城市供水安全，浙江省住房和城乡建设厅根据《城镇供水规范化管理考核办法（试行）》与《住房城乡建设部 国家发展改革委 公安部 国家卫生计生委关于加强和改进城镇居民二次供水设施建设与管理确保水质安全的通知》，出台《浙江省城镇供水规范化管理考核办法》，并开展年度城镇供水规范化管理考核工作。

年度城镇供水规范化管理考核采取各地自查、交叉检查和省级抽查三种方式进行。其中，在各地自查和交叉检查中，城市供水规范化管理考核与二次供水规范化管理考核是供水行业监督管理考核的两大重点。前者主要围绕部门职责落实、综合性规范化管理制度制定、供水发展规划与实施、水源地保护、供水企业运行、服务与投诉监管、供水水质监测制度建立与水质监测实施、水厂运行质量控制和安全生产、供水管网维护与漏损控制以及供水报装、抄表、抢修、停水等服务措施进行。后者主要围绕强化检查部门职责、二次供水设施建设与改造、二次供水设施运行维护与安全防范、二次供水设施报装与收费管理、二次供水设施日常监管情况与应急管理、二次供水设施监管和运行维护人员配备与管理以及安全防范、服务和信息公开等展开。此外，省级抽查也是浙江省城镇供水规范化管理考核的重要手段。如2023年，浙江省住房和城乡建设厅印发《关于开展2022年度城镇供水规范化管理考核省级抽查暨亚运赛事城市供水保障专项检查的通知》，针对城市水厂规范化管理、供水保障、水质检测情况以及杭州亚运场馆、接待酒店的供水保障情况开展抽查。城镇供水规范化管理考核工作是浙江省实现供水行业监督管理考核的主要途径，在浙江省城市供水规范化管理和安全运行过程中发挥重要作用。

第三节　因地制宜、革新技术　保障水质"一条底线"

"八八战略"实施二十年来，浙江省始终坚持以人为本的理念，以让全省人民喝上放心水、优质水为目标，持续增强水质保障能力，使城市供水行业发展和改革成果普惠民生。针对本省特殊的地形地貌特征等自然条件约束，浙江省通过优化水源、引入备用水源等方式加强原水质量保障，通过加强水质监测、提升改造水厂工艺、推进二次供水改造等举措强化供水质量保障，取得显著成效。

一、源头入手，保障优质水源供应

浙江省地形自西南向东北呈阶梯状倾斜，"七山一水两分田"是浙江省地形的概貌，山地与丘陵占据了省内大部分土地面积，山地、海岛水资源量相对紧缺。尽管浙江省境内有钱塘江等大量河湖、降水充沛，但由于人口密度高，人均水资源量一直相对不足。此外，洪涝、台风、干旱等灾害交替发生，江河源短流急，阶梯状地形导致平原地区地势低洼，河口受潮水顶托，排水不畅，进一步放大水源压力。相对特殊的自然地理条件决定浙江省水资源的分布不均与结构性短缺，因此，优水优用成为解决浙江省水资源供需矛盾的主要途径。"八八战略"实施二十年来，浙江省各地以规划为引领、以工程建设为抓手，积极探索优化水源、优水优用的水质保障路径，逐步减少河网水使用，转向采用水库水。对缺乏优质水库的区域，通过引水工程，购买和引入优质水库水等措施，以提升原水质量。

本部分以杭州、嘉兴为例进行分析。其中，杭州过去以钱塘江作为主要原水水源，由于高盐水体沿河口潮汐通道向上推进，发生海水倒灌，形成的咸潮现象影响水质。为此，2014年杭州市启动千岛湖配水工程，并于2019年9月正式通水运行。该工程将千岛湖优质水源引入杭州市，解决了多年以来杭州市以钱塘江河道水为主要水源、城市水源单一、水源水质不稳定、易受污染和咸潮威胁、抗风险能力差等问题，大幅改善杭州市原水水质，成为惠及民生的重要工程。又如十余年前,嘉兴市水源仍以劣Ⅴ类水体为主,2012 年开始连续五年嘉兴市展开全面治水攻坚战,使劣Ⅴ类、Ⅴ类水体占比从 2012 年的 80.6%降至 2018 年的 2.7%,全市饮用水源地水质达标率从 2012 年的 2.4%增至 2018 年的 77.3%。2018 年,嘉兴市启动域外配水工程(杭州方向),工程取水水源地为千岛湖,并于 2021 年完成通水验收。治污治水配合工艺提升与水源优化,使嘉兴市水源发生"脱胎换骨"的变化,切实保障当地居民的饮用水安全。

为保障稳定供水、优化供水水质,近年来浙江省持续推进水厂多水源供水,多数供水厂至少设置一处备用水源,备用水源类型主要有江河、湖泊、水库和地表水,部分水厂设置多处备用水源,这为城市水源供给提供重要保障。如杭州在千岛湖配水工程完工通水后,由钱塘江为主的单一水源供水格局转变为多水源供水,进一步优化水源水质。而在备用水方面,闲林水库可满足主城区水厂 30 天以上的原水需要。又如温州兴建的瓯江引水工程将珊溪水库、泽雅水库互为备用水源,进一步巩固温州的多水源供水格局。

二、技术支撑,不断提升水厂工艺

"八八战略"实施二十年来,浙江省在不断改进水厂处理工艺、切实保障和提升供水水质方面进行了一系列卓有成效的探索。全省自来水厂处理工艺逐步由常规处理向深度处理转型,除混凝、沉淀、过滤、消毒等常规处理工艺之外,臭氧活性炭技术等深度处理工艺也得到广泛应用。此外,对自来水中的生物与化学污染建立多级屏障的"膜"处理工艺——反渗透技术也逐步得到推广。例如嘉兴市水厂在工艺提升改造过程中,对贯泾港水厂和石臼漾水厂均采用了膜处理工艺,其中贯泾港水厂所采用的纳滤膜处理工艺在已有的臭氧活性炭深度处理工艺基础上,进一步延长净水工艺链,增加纳滤处理单元,配合嘉兴市域外配水工程对水源的优化提升,进一步提升嘉兴市供水水质。在探索和应用深度处理工艺的同时,浙江省还引入绿色低碳理念,结合智能化的科技手段改造水厂净水工艺、消毒工艺和工艺设备,例如杭州闲林水厂原水引水与出水供给均采用重力自流节能的运行方式,极大降低了能源消耗,充分体现绿色、低碳和节能的现代理念。

三、关注民生，推进二次供水改造

二次供水改造是"八八战略"实施以来，浙江省城市供水行业发展中的一项重要工作。根据《住房城乡建设部　国家发展改革委　公安部　国家卫生计生委关于加强和改进城镇居民二次供水设施建设与管理确保水质安全的通知》等文件要求，浙江省住房和城乡建设厅积极督促各地制定城镇居民住宅小区老旧、落后二次供水设施改造方案，不断出台加强城镇二次供水设施建设与管理的相关实施意见，通过摸清底数、明确责任、规范运维，保障二次供水安全。遵循"应改必改"、居民"愿改尽改"的原则和"主管部门牵头、属地政府负责、相关部门联动、小区业主自愿、供水企业实施"的改造方式，通过清单化、表单式管理，明确各地二次供水设施改造的目标任务和时间节点，通过多轮次的改造计划扎实推进改造工程。2021年，《浙江省住房和城乡建设厅　浙江省发展和改革委员会　浙江省财政厅　浙江省公安厅　浙江省卫生健康委员会关于加强城市居民住宅二次供水设施建设与管理的指导意见》发布，推动浙江省二次供水设施改造工作进入全面加速阶段。2021～2022年，浙江省累计完成二次供水改造小区1688个。同时，金华等地制定并出台二次供水建设导则、移交管理办法等配套文件，台州、温州等地先后将二次供水设施改造纳入市级年度民生实事项目。通过二次供水设施改造，居民生活小区饮水品质显著提升，群众获得感、幸福感、安全感不断提高。

四、加强监测，确保水质安全稳定

"八八战略"实施二十年来，浙江省通过引导城市供水企业改进和提升制水工艺，持续加强水质监测等方式，为城市供水水质安全提供重要保障。为切实保障水质，浙江省住房和城乡建设厅依据《城市供水水质管理规定》（建设部令第156号）和《生活饮用水卫生标准》GB 5749—2006，印发了《关于印发〈浙江省实施〈生活饮用水卫生标准〉GB 5749—2006细则〉的通知》（建城发〔2012〕115号），对水质各项指标和限值、水质检测频率与合格率要求、水质监测点设置、水质检测能力、水厂工艺要求、管网管理以及相关二次供水问题进行明确规定。根据住房城乡建设部要求，浙江省住房和城乡建设厅每年开展城市供水水质抽样检测和城市供水水质督察工作，并将年度供水水质抽样检测情况和供水水质督查情况予以通报，根据供水水质督察中发现的问题督办各地市进行整改。此外，浙江省还通过智慧化手段监测水质，要求各地通过供水管网智慧化平台上报水质检测内容，并对地方供水水质进行监管。根据中国城镇供水排水协会编写的《城市供水统计年鉴》可知，近十余年来浙江省 11 个地级市的供水企业水质综合合格率均达到了 99.5％以上，多数供水企业供水水质综合合格率为 100％。根据浙江省住房和城乡建设厅 2022 年供水水质月报可知，浙江省 11 个地级市 79 家供水企业的浑浊度合格率、色度合格率、臭和味合格率、细菌总数合格率、总大肠菌群合格率以及高锰酸盐指数合格率等衡量供水水质合格率的指标数值均达到 100％。

第四节 制度引领、扎实推进 树立城市节水"一个导向"

党的十八大以来，习近平总书记提出"节水优先、空间均衡、系统治理、两手发力"的治水思路。2019 年，国家发展改革委和水利部联合印发《国家节水行动方案》，为推动全社会节水、全面提升水资源利用效率提供基本指引。浙江省人均水资源量位居全国中下游水平，水资源的空间分布与人口分布不平衡，城市发展的内在需求和自然禀赋的外在约束均对浙江节约用水以及水资源利用率的提高提出更高要求。"八八战略"实施二十年来，浙江省通过节水型载体创建、资金保障、节水器具推广、节水宣传以及再生水利用等举措系统推进城市节水工作，取得显著成效。

一、以节水载体创建带动城市节水

浙江省努力打造国家节水型城市，通过节水型载体创建推动节水管理水平不断提升。自 2002 年国家开始组织申报和评审国家节水型城市以来，截至 2022

年，全国共完成11批次评审，浙江省共有14个城市入选国家节水型城市。其中设区市9个，县级市5个。在全省11个设区市中，台州、丽水两市已于2022年完成了国家级节水型城市的省级预评选，2023年实施申报，力争实现全省设区市国家级节水型城市全覆盖（表2-8）。浙江省国家级节水型城市数量在全国仅低于山东省和江苏省，位列第三。浙江省在创建国家节水型城市的同时，还积极推动省级节水载体建设，出台和修订《浙江省节水型城市申报与考核办法》《浙江省节水型城市考核标准》等。同时，根据《国家节水型城市申报与评选管理办法》，加快制定《浙江省节水型城市与水效领跑者城市申报与评选管理办法》。由表2-9可知，截至2022年底，浙江省累计创建省级节水型城市20个。此外，浙江省还创建省级节水型居民小区2519家、节水型单位2621家。

浙江省国家节水型城市建设情况　　　　　　　　　　　　表2-8

批次（年份）	全国总数	浙江总数	浙江城市
第一批（2002）	10	1	杭州市
第二批（2005）	8	1	绍兴市
第三批（2007）	11	1	宁波市
第四批（2009）	11	0	—
第五批（2010）	17	2	嘉兴市、舟山市
第六批（2013）	7	1	长兴县
第七批（2015）	8	1	诸暨市
第八批（2016）	10	1	金华市
第九批（2018）	18	2	湖州市、衢州市
第十批（2020）	34	1	海宁市
第十一批（2022）	16	3	温州市、平湖市、义乌市
总计	150	14	—

资料来源：作者整理。

浙江省省级节水型城市建设情况　　　　　　　　　　　　表2-9

年份	地市（县市）
2002	杭州市
2005	绍兴市

续表

年份	地市（县市）
2007	宁波市
2011	嘉兴市、舟山市
2013	长兴县
2015	诸暨市、金华市、台州市
2017	湖州市、衢州市、丽水市
2019	平湖市、海宁市
2020	嵊州市、新昌县、温州市
2021	兰溪市、义乌市
2022	浦江县

资料来源：作者整理。

二、以强化节用管理提升节水效能

"八八战略"实施二十年来，浙江省通过各项举措积极推动落实城市节水工作，除了创建节水型载体取得扎实进展外，2003—2022年，浙江省的节约用水量基本保持稳定，近十年来稳步提升。其中，2016年以来，浙江省每年节约用水量在3亿立方米以上，且逐年递增。此外，整体上浙江省用水重复利用率稳中有升，2017年以来用水重复利用率基本稳定在80%左右。其中，工业用水重复利用率明显高于总体用水重复利用率。各项节约用水管理举措在节约用水量和用水重复利用率的稳定提升上发挥重要作用。

（一）"抓节水"工作常态化

在《浙江省节约用水办法》的基础上，依托"五水共治"的总体目标和相关节水政策，浙江省住房和城乡建设厅将城市节水工作常态化，将节水型城市创建、节水器具推广等节水工作列入年度城乡建设的重点工作之一。2014年，浙江省住房和城乡建设厅发布《浙江省"抓节水"工作实施方案》，提出统筹区域节水规划、加强控制用水总量、创新节水体制与机制、开源与节流并举的指导思想；加快实施城镇供水管网和"一户一表"改造，推进污水再生和雨水利用工程建设，加强管网漏损控制，推广节水器具普及，创建节水型城市、节水型社会等举措。自 2014 年开始，浙江省住房和城乡建设厅每年下达全省"抓节水"工作目标任务，将"抓节水"工作任务分解，明确责任部门，推进"雨水示范、屋顶收集、改造器具、一户一表"等工程，细化每年具体工程项目与各项工程任务目标，确保节水工作常态化落实。

(二) 加大资金支持

浙江省持续加大城市节水资金投入力度，由 2003—2022 年浙江省节约用水量及节水措施投资总额情况（图 2-10）可知，2007—2014 年浙江省节水措施投资总额总体上保持稳定，2015—2018 年浙江省节水措施投资总额呈现出快速增长的态势。其中，2018 年浙江省节水措施投资总额超过 10 亿元并达到峰值，随后节水措施投资总额有所降低并保持基本稳定。

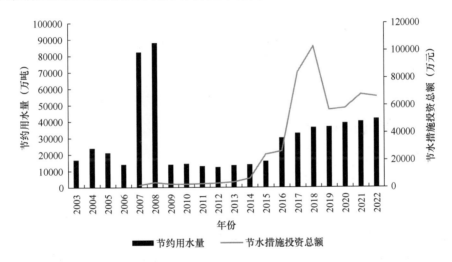

图 2-10　2003—2022 年浙江省节约用水量及节水措施投资总额情况

资料来源：《中国城市建设统计年鉴》(2004—2023)，中国统计出版社。

(三) 持续指导地方节水工作

浙江省住房和城乡建设厅积极指导所辖 11 个设区市推进城市节水工作。各地因地制宜，结合自身工作任务，制定具有针对性和实效性的节水政策，创新推进节水工作。其中，浙江省首个国家级节水型城市——杭州市于 2006 年发布《杭州市城市节约用水管理办法》，对城市节约用水专项规划制定、节水用户分类管理、用水定额和用水计划、超计划用水累进加价收费制度、节水设施与器具等进行详细规定。近年来，杭州市以巩固国家节水型城市创建成果为抓手，通过加强计划用水和定额管理，不断提升主城区计划用水户数量和公共供水非居民用水计划用水率，通过深化节水型载体创建不断提升省级节水型单位覆盖率和省级节水型小区覆盖率。

2005年，绍兴市获批全国第二批国家级节水型城市，先后出台《绍兴市区节约用水管理办法》[①]和《绍兴市区节约用水奖惩办法》。绍兴市积极探索城市供水管网漏损控制方法，建立智能化管网预警运维体系和漏损管控闭环工作制度，形成"以分区化计量为核心、以信息化技术为支撑、以全过程管理为手段、以绩效考核为保障"的漏损控制工作机制，实现供水管网漏损率连续多年稳定控制在5%以内，达到国际先进水平。

2017年，金华市获批第八批国家节水型城市，通过节水型城市创建，全面提高城市节水管理水平。其中，2017年，节约水量676万吨，可供市区2.8万户居民家庭使用一年，并对914家非居民用水户[②]下达用水计划和按季度进行用水考核，对超计划用水的单位严格按规定征收超计划用水累计加价水费。2017年，金华市省级节水型企业（单位）覆盖率达到23%，省级节水型居民小区覆盖率达到15%。

（四）有效控制管网漏损

近年来，浙江省结合城市有机更新行动和老旧小区改造工作，大力实施供水管网更新和二次供水设施改造，积极推进供水管网GIS系统、DMA分区计量[③]、SCADA系统[④]建设。其中，嘉兴市和绍兴市成功入选全国公共供水管网漏损治理重点（试点）城市。截至2022年，浙江省城市供水管网漏损率提前完成"十四五"目标，全省公共供水管网漏损率连续6年稳定控制在10%以内。

---

① 该办法于2007年实施，现已废止。2016年绍兴市人民政府印发《绍兴市区城市节约用水管理办法》。
② 占金华市区非居民用水总量的93%。
③ DMA（District Metering Area，即独立计量区域）是指通过截断管段或关闭管段上阀门的方法，将管网分为若干个相对独立的区域，并在每个区域的进水管和出水管上安装流量计，从而实现对各个区域入流量与出流量的监测。
④ SCADA（Supervisory Control And Data Acquisition）系统，即数据采集与监视控制系统。SCADA系统是以计算机为基础的电力自动化监控系统。

由此可见，浙江省通过一系列的供水管网提升改造行动，不断提高城市供水管网质量、降低城市供水管网漏损率。

（五）持续推广节水器具

浙江省不断加大对节水设施和节水器具的推广和使用力度，在公共供水和自备水新建、改扩建工程项目中加大节水设施配套建设和节水器具的使用。对屋顶集雨等雨水收集系统建设、节水器具改造、"一户一表"用户改造等项目制定年度工作任务。同时，对生活用水器具市场的节水型器具、非节水型器具以及公共建筑的非节水型器具使用情况进行专项检查，从源头上控制非节水型器具的使用。

（六）水价改革助力节水

浙江省在制定落实阶梯水价政策以及合理征收水资源费、污水处理费等方面进行深入探索，引导并激励市民节约用水。以杭州市为例，2014年水价改革之前，杭州市区居民综合水价仅为1.85元/吨，其中供水价格为1.35元/吨。自2015年1月1日起，杭州开始对市区范围内"一户一表、抄表到户"的居民用水户的阶梯水价进行改革，并对市区低保户及困难家庭实行补助。阶梯水价改革兼顾供水行业发展、群众生活需求、居民可承受能力以及节水政策导向，近年来杭州市居民阶梯水价改革取得显著成效，促进城市生产生活朝着绿色、节能的方向发展。

（七）常态开展节水宣传

自1992年国家设立全国城市节水宣传周以来，浙江省认真贯彻落实、积极进行节水宣传，每年在宣传周定期开展形式灵活多样、内容丰富多彩的宣传活动。同时加强日常节水宣传，推进节水宣传工作常态化。宣传形式主要包括：通过《浙江日报》等主流媒体宣传浙江水情和节水工作开展情况；充分发挥"三微一端"等新媒体宣传城市节水，征集和发布优秀节水短视频，培养社会公众爱水、护水、节水、亲水意识；利用城市户外电子大屏集中播放节水宣传视频；各地市集中表彰年度市级"节水行动十佳实践案例""节水先锋"以及"节水大使"等节水载体和节水工作先进个人；发布节水宣传周主题海报和宣传口号；围绕历年宣传主题，开展水法律法规和节水等知识问答活动；开展"六进"活动，组织志愿者到机关、社区、学校、家庭、企业、农村发放节水宣传资料和宣传品；开展生活用水器具市场专项检查；开展社会节水意识满意度调查等工作。此外，每年通过3月22日"世界水日"、3月第三周"中国水周"等宣传活动加强节水宣传。

三、以绿色低碳理念推广再生水利用

"八八战略"实施二十年来，在循环利用、节约用水的理念引领下，浙江省积极探索再生水利用助力节约用水效率提升的路径。浙江省住房和城乡建设厅每年下达再生水利用年度任务，全省各地不断提升再生水生产能力，积极拓展再生水在工业生产、市政杂用、农业灌溉以及景观环境等领域的应用。

2022年9月，宁波市等6个市、县（区）成为首批国家典型地区再生水利用配置试点城市（详见第三章）。各地投产和建设宁波岩东再生水厂、余姚市滨海再生水厂、诸暨市浣东再生水厂、义乌稠江工业水厂、武德净水厂、台州市椒江再生水厂等一大批具有示范意义的再生水厂。金华市通过《金华市节约用水奖励办法》等政策，推进节水和再生水利用"一张图"规划落地，同时通过编制市区再生水利用方案，谋划再生水厂和配套回用水管网建设，推进工业生产、园林绿化、道路清洗、车辆冲洗、建筑施工等领域优先使用再生水。义乌市通过信用体制建设等方式积极推进分质供水改革。其中，在居民分质供水方面，推动试点生活小区率先实现分质供水，小区中水入户率以及绿化、景观、浇洒用水中水使用率均达到100%；在非居民分质供水方面，推动稠江工业水厂等将再生水用于工业生产，接收处理企业排放的工业污水，经过再生处理后回供作为企业生产用水。台州市以"三水协同治理、统筹推进，不断提升良好水生态环境普惠度"为总体目标，以生态补水和工业利用为主要途径，按照就近利用、优水优用、分质用水的思路，大力推动城镇生活污水的资源化利用。2023年，台州市入选中华人民共和国生态环境部区域再生水循环利用试点城市，展现了对台州市积极落实再生水循环利用工作的充分肯定。

第五节　勇于探索、科技引领　突出供水智慧化"一个创新"

"八八战略"实施二十年来，浙江省坚持创新驱动发展战略，通过数字赋能产业和信息化、智慧化手段在城市供水与节水行业中的应用，切实推动行业管理、服务水平全面提升。近年来，浙江省各地通过城市供水智慧化平台的打造以及现代化水厂的建设，水厂运行管理水平持续提升，管网漏损率不断下降，行业管理水平愈发提高。同时，通过信息化手段简化城市用水报装流程，为提高行政办事效率、优化营商环境作出重要贡献。

一、通过建立供水智慧化平台，提升行业管理水平

城乡供水一体化对城市供水行业运营管理水平提出更高要求，推动浙江省城乡供水服务向智慧化时代迈进。随着现代数字信息技术的快速发展，城市供水智慧化成为优化城市供水服务、提升供水设施管理水平、降低供水管网漏损率、增强供水设施风险管控能力的重要手段。

（一）构建"以科技为支撑、以数据和信息融通推动业务重构"的总体改革思路

浙江省持续推进人工智能、大数据、物联网等技术在城市供水设施中的全面应用，建立省、市、县以及跨部门的供水智慧化平台（图2-11）。全省供水厂（站）及水源已全部入库、联网，千人以上水厂供水实现实时在线监控，从水厂、管网拓展至用户小区的智慧化场景应用，基本实现供水管理运行的自动化和智能化，出台《城镇供排水管网智能化技术标准》DBJ 33/T 1279—2022，推动供水管网数据采集与管理、应用基础技术和智能应用场景的规范化建设。

（二）各地市积极推进供水智慧化平台建设

浙江省多地全面开展供水智慧化平台建设。其中，绍兴市在新型城市基础设施试点建设的背景下，不断提升城市智慧水务建设的站位层级，将供水智慧化试点工作纳入城市"十四五"规划之中，并将建设任务精细化为多个子项目，

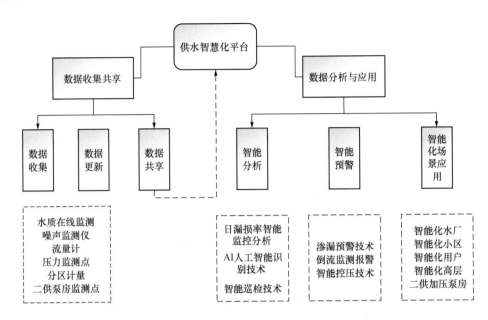

图 2-11 浙江省供水智慧化平台框架

全面推进物联网设施普及应用,将数字信息技术应用到老旧管网更新改造和供水管网运行安全管理之中,通过打通城市供水智慧化管理平台与智慧城市平台之间的信息壁垒,进一步整合政府基础设施信息和数据资源,建设供水智慧化体系,这对提升城市供水设施运行管理水平起到显著的推动作用。

湖州市积极响应城市供水管网漏损控制和城市基础设施安全运行的数字化和智能化要求,以"业务驱动、数字赋能、场景支撑"为理念设计构架,以"资源整合、深化应用"和"科学决策、管理创新"为策略,以综合管理数字化平台建设为抓手,打造湖州市水务大数据,构建供水感知一张网、两大信息数据平台和三大核心业务模块的"一二三"综合管理平台①,该平台为浙江省首个智慧水务管理平台。除了智慧水务管理平台的硬件基础,湖州市建立了从"源头"到"龙头"的水务数字化标准规范及管理体系,为城市供水智慧化管理提供制度保障。湖州市通过供排水系统网格化、精细化、智能化、可视化和可控

---

① 一张网,即物联感知网;两个平台,即物联网平台和全国首个综合管理平台;三大核心业务模块,即政府、企业、公众三大核心模块。

化管理，进一步保障城乡供水安全，为全省提供水务管理和服务的"湖州样板"。

嘉兴市智慧供水调度平台通过加强供水管网状态监控与分析、加强调度管理精细化，打造智能化水平较高、快速反应能力较强的供水系统运行管理决策指挥系统，实现"数据＋模型＋业务＋平台"的全业务和全流程监管。衢州市江山市搭建了"山水好喝"数字化应用，实现数据汇集展示、智能预警、远程控制、线上巡检等智慧管养功能，归集与供水相关的 65 类数据项，设定浑浊度、pH、余氯等 18 项预警指标。自"山水好喝"数字化应用上线以来，明显缩短了供水问题处置时间，实现管网漏损主动感知，大幅推进了节水工作的科学化开展。

由此可见，浙江省城市供水行业通过推行智慧水务，不断提升城市供水行业的全过程数字化监管水平，提高城市供水行业的供给质量和运行效率，助推城市供水行业高质量发展。

（三）供水智慧化平台广泛应用于其他供水改革领域

在线监测、人工智能以及 GIS 作为一种技术手段，被越来越广泛地应用到浙江省城市供水行业的各个领域。首先，供水智慧化平台的建设有力推动城乡供水一体化改革。通过数字技术应用和供水智慧化平台搭建，供水设施运维管理水平大幅提升，推动了城乡供水一体化改革。构建监测监控"一张网"，通过数字化手段形成"从源头到龙头"的城乡供水一体化监管。其次，供水智慧化平台建设成为保障二次供水改造的有力手段。通过二次供水泵房管理平台建设，实现相关数据信息智能上传与在线监控，提升二次供水设施管理水平。此外，智能水表也是数字技术在城市供水行业的应用之一。

二、通过智能技术应用打造现代化智慧水厂

近年来，浙江省致力于全面推进人工智能、大数据等技术在水厂和供水管网中的全面应用，依托数字技术建立供水数字化管理平台，形成杭州、绍兴、湖州等城市智慧水务建设的典型案例，并通过建立智慧化系统、在线实时监控

等手段推动全省水厂的自动化和智能化管理。在智慧水厂建设方面，浙江省大部分水厂的水质净化工艺均在一定程度上实现了智能化，通过建设智能化投加系统，可实现药剂精准制备、精细投加，并通过前馈信号（水流量数据、原水水质参数）以及反馈信号（沉淀池出水浊度）计算混凝剂的最佳投加量。其中，杭州市闲林水厂是浙江省智慧水厂建设的典范，闲林水厂从生产智能化、管理数字化、安防智慧化三方面出发，建立起一套完整、系统、智能的数据采集及分析管理体系。通过传感器、通信网络和在线水质、水量监控仪表等信息化设备，采集、存储各类水厂运行数据，分析建立生产、运行、调度在内的全过程信息化运营管理体系，实现生产智能化；利用信息化平台，搭建管理驾驶舱，实时展示、查看、分析生产数据，实现管理数字化；通过厂区监控全覆盖、无人机巡防、人脸识别与陌生人报警等功能实现安防智慧化。

三、通过信息化手段简化用水报装流程优化营商环境

"八八战略"强调要进一步发挥浙江体制机制优势与环境优势，二十年来，浙江省持续优化营商环境，打造营商环境改革高地，为浙江经济社会发展保驾护航。用水报装是城市营商环境的重要组成部分，完善用水报装服务、简化审批流程、节约报装成本对于助力浙江营商环境优化具有重要作用。

近年来，浙江省各地应用智慧化手段不断优化城市用水报装审批流程，降低城市用水报装成本，提升用水服务质量。2019年浙江省住房和城乡建设厅发布《浙江省优化营商环境用水、用气报装便利化行动方案》《关于做好全省用水、用气报装"一件事"改革工作的通知》，2020年浙江省住房和城乡建设厅会同多部门联合印发《关于进一步优化浙江省营商环境用水、用气报装便利化行动的通知》，提出利用数字化手段搭建申请办理和审批服务平台，提高行政审批效能，优化营商环境。在浙江省11个设区市中，杭州市是运用数字信息化手段简化用水报装流程改革的先行者，先后发布了《关于杭州市进一步优化用水、用气报装便利化的通知》（杭建审改办〔2018〕38号）、《关于印发杭州市企业全生命周期用水用气报装等审批事项"一件事"联办的通知》（杭城管局〔2019

150号)、《关于下发〈工程建设项目用水报装改革实施细则4.0版〉的通知》(杭水务发〔2020〕63号)、《杭州水电气网接入联合服务"一支队伍"工作方案(试行)》(杭州信基建办〔2023〕2号)等文件。同时,设立了供水报装一站式线上受理平台入口,建立手机APP、微信公众号、网站等用水报装途径,线上发布用水报装相关文件、步骤、时限等内容,进一步推进了全省水电气网联合服务。

第三章 "八八战略"指引下的浙江排水与污水处理行业发展

"八八战略"实施二十年来,浙江省城市排水与污水处理工作成效显著,城市水环境实现了由"浊"变"清"再到"净"的跨越式发展。浙江省夯实污水处理能力这一基础,在全国率先实现县级及以上城市、建制镇污水处理厂全覆盖,县级城市污水处理率达到60.6%,位居全国首位;以城镇污水处理提质增效为导向,出台城镇污水处理厂出水水质的"浙江标准",完成城镇污水处理厂清洁排放改造;在全国首创建设"污水零直排区",出台国内首个城镇"污水零直排区"建设的地方标准,稳步实现城镇截污纳管全覆盖和生活污水全收集、全处理;从实现"双碳"目标的迫切需求出发,通过优化"前端"建设方式,提升"中端"处理工艺,实现"末端"再生利用,因地制宜地推进排水与污水处理行业绿色低碳转型。同时,以数字化改革为引领,高标准提升海绵城市建设品质,系统化实现城市内涝综合治理,以数字赋能实现城市排水与污水处理行业高效监管,让浙江在城市排水和污水治理现代化方面一直走在全国前列。

第一节 多措并举助力排水与污水处理能力稳步提升

"八八战略"实施二十年来,浙江省以打造美丽宜居生活环境为重要抓手,持续推进城镇排水和污水处理能力提升。2007年在全国率先实现县级以上城市污水处理设施全覆盖,2015年率先实现建制镇污水处理设施全覆盖,是全国首个实现县以上污泥集中处理设施全覆盖的省份。截至2022年,全省县级以上城镇污水处理厂数量稳步增至116座,城镇污水处理能力达到1341.4万立方米/日,建成区市政污水主干管道长度33319公里,市政雨水主干管道长度30046公里，基本实现城市污水收集与雨水排放管网"全覆盖"。

一、率先从"县县全覆盖"到"镇镇全覆盖"

浙江省自 2003 年开始实施"百亿生态环境建设工程"，截至 2007 年，全省建有集中式污水处理设施 149 座。其中，县级以上污水处理厂 86 座，较 2003 年增加 51 座；污水处理能力达到 573.2 万立方米/日，较 2003 年增加 233.7 万立方米/日；县以上城市污水处理率 68.1%，位居全国第六位。需要说明的是，县级城市污水处理率达到 60.6%，位居全国首位。

2008 年浙江省启动新一轮"811"环境保护三年行动，其中列入"811"计划的 27 座县级污水处理厂当年全部建成通水试运行，浙江省在全国率先实现县级以上城市污水处理厂全覆盖，并率先全面建成环境质量和重点污染源自动监测网络，主要污染物化学需氧量相比上年减排 4.89%。根据当年发布的《浙江省环境状况公报》显示，2007 年浙江省生态环境质量总体评价为优，继续保持全国前列。2014 年，浙江省印发《浙江省治污水实施方案（2014—2017）》（浙环函〔2014〕183 号），要求加强城镇污水处理厂和配套管网建设，到 2015 年实现建制镇污水处理设施全覆盖，设区市、县以上城市污水处理率分别达到 92%、88%，建制镇污水处理率达到 45%以上。截至 2015 年底，浙江省累计建成 639 个镇级污水处理设施，完成 208 座城镇污水处理厂提标改造，达到《城镇污水处理厂污染物排放标准》GB 18918—2002 的一级 A 标准，新增配套城镇污水管网 6536 公里，成为全国第一个实现建制镇污水处理设施全覆盖的省份。浙江省完成 1.61 万个行政村生活污水治理，建成污水治理终端站点 9.51 万个，78.98%的村实现生活污水有效治理，农户受益率达到 65.52%。浙江省建设污泥处理处置设施共计 78 个，污泥处理能力达到 2.1 万吨/日，成为全国第一个县以上污泥集中处理设施全覆盖的省份。

二、污水处理设施能力持续提升

（一）污水处理厂数量稳步增长

"八八战略"实施二十年来，浙江省从城镇污水处理设施满足经济社会发展需求出发，从设施选址、资金保障、建设标准以及配套管网建设等全流程，稳步推进城镇污水处理设施建设，努力实现城镇生活污水的全收集、全处理。2003—2022年浙江省城镇生活污水处理厂数量情况详见图3-1。由该图可知，2003年全省共有县级以上城镇生活污水处理厂30座，2007年为51座，2012年增至73座，2017年提高到88座，2022年稳步增加到116座。

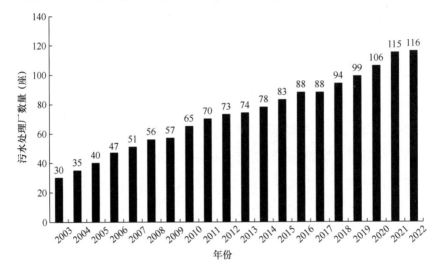

图3-1　2003—2022年浙江省城镇生活污水处理厂数量情况
资料来源：《中国城市建设统计年鉴》（2004—2023），中国统计出版社。

（二）污水处理能力逐年提升

由图3-2可知，2003—2005年浙江省城镇污水处理能力略有下降，2005—2022年浙江省城镇污水处理能力呈现出逐年攀升的趋势，即由2003年的501.7万立方米/日提高至2022年的1341.40万立方米/日，是2003年的1.67倍，年均涨幅5.26%，浙江省污水处理厂的污水处理能力位于全国前列。截至2022年，浙江省规模最大的城镇污水处理厂——杭州七格污水处理厂（三四期），日处理能力达到90万吨；杭州七格污水处理厂（一二期）、嘉兴市联合污水处理厂日处理能力达到60万立方米；日处理能力介于25万～50万立方米的有杭州市临江污水处理厂、杭州市钱江污水处理厂、温州市中心片污水处理厂、宁波市南区污水处理厂、宁波市岩东污水处理厂、绍兴市污水处理厂等污水处理厂共计13座，日处理能力介于10万～19万立方米的污水处理厂共计25座。

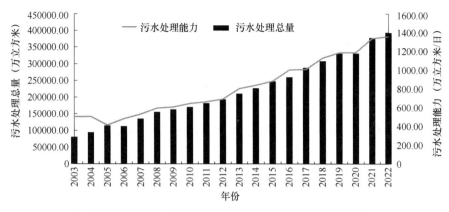

图 3-2　2003—2022 年浙江省城镇污水处理能力情况
资料来源：《中国城市建设统计年鉴》(2004—2023)，中国统计出版社。

三、排水管网收集能力显著提升

"八八战略"实施二十年来，浙江省持续推进城市排水管网新建和改造工作，截至 2022 年，全省已建成市政污水主干管网长度 33319 公里，市政雨水主干管网长度 30046 公里，均位居全国前列，建成区内基本实现污水收集与雨水排放管网"全覆盖"。2011—2022 年，浙江省市政雨水管网和污水管网长度的变化趋势基本一致，均呈现逐年增长态势（图 3-3），且年均增幅均超过 8.7%[①]。

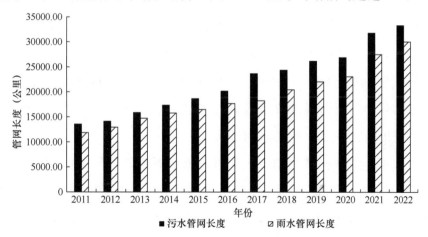

图 3-3　2011—2022 年浙江省雨水管网长度和污水管网长度
资料来源：《中国城市建设统计年鉴》(2004—2023)，中国统计出版社。

---

① 数据说明：相关数据从 2011 年开始统计。

第二节　制度先行引领排水与污水处理行业规范化管理

浙江省坚持以"八八战略"为总纲，以体制机制创新实现城市排水与污水处理行业规范化管理。全省结合地区发展实际，相继出台多项条例、管理办法以及推进污水治理和城市环境整治的政策措施，全面推行污水排入排水管网许可证制度，严格监管污水处理厂进出厂水质。全省积极推行城镇污水处理设施第三方运营模式，吸引和扩大社会资本投入，推进设施建设和运营的专业化和市场化，极大程度上缓解了基础设施建设的资金压力，提升了基础设施的运行效率，实现了经济效益、社会效益和环境效益的有机统一。

一、注重顶层设计，建立全链条治理的制度体系

浙江省持续推进城市排水与污水处理工作的规范化管理和全过程协同。全省强调建、治、管三者有机统一，加强城市排水与污水处理行业的全链条闭环治理，不断提升水环境治理效能。全省着眼于城市发展功能布局、空间布局和人口布局，统筹推进排水与污水处理设施、供水设施及清洁水源地建设；融合海绵城市、韧性城市理念，实现水环境治理与水资源利用、水安全保护统筹谋划，加强生态环境分区管控和协同治理；统筹建立治水长效机制，从源头、中端到末端持续推进雨污混接改造、雨洪调蓄和污水处理设施建设等重点工作，深入推进突出问题整治，加强监督管理。

国务院相关部委于20世纪80、90年代相继颁布了《中华人民共和国水污染防治法》《中华人民共和国环境保护法》和《中华人民共和国固体废物污染环境防治法》，历经多次修订，以法律条文形式明确监管、监督和评价职责。其中，在排水与污水处理领域，2013年《城镇排水与污水处理条例》发布，明确各级城镇排水与污水处理主管部门监管职责，各类排水和污水处理设施运行要求，排水管网许可、污水处理费征收使用以及各类排水行为规范及相关罚则。2015

年住房城乡建设部颁布《城镇污水排入排水管网许可管理办法》[①]，要求城镇排水主管部门结合排水户分级分类情况，对排水户排放污水的情况实施监督检查，并对其实施监督检查的具体措施作出明确规定。浙江省非常重视与国家有关法律法规和有关制度的有效衔接，结合地区发展实际，相继出台相关条例和管理办法，规范开展城市排水与污水处理工作（表3-1）。

规范城镇排水和污水处理行业监管工作的相关法律法规　　表3-1

法律		• 《中华人民共和国水污染防治法》； • 《中华人民共和国环境保护法》； • 《中华人民共和国固体废物污染环境防治法》
法规	国家	• 《城镇污水排入排水管网许可管理办法》； • 《城镇污水排入排水管网许可管理办法》； • 《城镇排水与污水处理条例》； • 《污水处理费征收使用管理办法》； • 《城镇污水处理工作考核暂行办法》
	浙江省	• 《浙江省城镇污水集中处理管理办法》； • 《浙江省水污染防治条例》； • 《浙江省城镇污水处理厂运行管理考核办法（试行）》； • 《杭州市排水管理办法》； • 《宁波市城市排水和再生水利用条例》； • 《温州市城市排水管理办法（试行）》； • 《嘉兴市城镇污水集中处理管理办法（试行）》； • 《嘉兴市城市排水设施管理办法》； • 《湖州市城镇污水处理管理实施办法（试行）》； • 《绍兴市城市排水管理办法（试行）》； • 《金华市水环境保护条例》； • 《衢州市区城市污水处理管理办法（试行）》； • 《丽水市排水管理办法》； • 《丽水市区排水管理办法（试行）》

资料来源：作者整理。

为满足人民日益增长的优美生态环境需要，近年来国家发展改革委、生态环境部、住房城乡建设部等部门出台一系列政策措施，对城市排水与污水处理工作作了规范，要求提升城镇生活污水收集处理能力，加大生活污水收集管网配套建设和更新改造力度，尤其针对缺水地区和水环境敏感区域，促进污水资

---

① 《城镇污水排入排水管网许可管理办法》于2022年修订。

源化利用，推进污泥无害化、资源化处理处置，持续完善生活污水收集处理设施体系。浙江省各地结合地区发展需求和短板弱项，相继出台推进城市污水治理和环境整治的政策措施，为提升浙江省各地城市排水与污水处理能力提供制度保障（表3-2）。

国家及浙江省推进排水与污水处理工作的政策措施　　　　表3-2

国家	• 《关于推进污水资源化利用的指导意见》； • 《关于加强排污许可执法监管的指导意见》； • 《水污染防治行动计划》； • 《城镇生活污水处理设施补短板强弱项实施方案》； • 《关于加快推进城镇环境基础设施建设指导意见》； • 《"十四五"城市排水防涝体系建设行动计划》； • 《国务院办公厅关于加强城市内涝治理的实施意见》； • 《关于做好2023年城市排水防涝工作的通知》； • 《县城排水设施建设实施方案》； • 《国务院办公厅关于推进海绵城市建设的指导意见》
浙江省	• 《浙江省住房和城乡建设厅关于进一步加强城镇污水处理设施建设管理工作的指导意见》； • 《浙江省城镇污水处理提质增效三年行动方案（2019—2021年）》； • 《浙江省水污染防治行动计划》； • 《浙江省人民政府办公厅关于加强城镇污水处理厂建设管理工作的通知》； • 《浙江省住房和城乡建设厅 浙江省水利厅关于进一步落实自备水源污水处理费征收的指导意见》； • 《浙江省人民政府办公厅关于加强城市内涝防治工作的实施意见》； • 《浙江省住房和城乡建设厅关于浙江省城市易涝区域整治三年行动方案》； • 《关于进一步加强城市排水防涝工作的意见》； • 《省发展改革委 省建设厅 省自然资源厅 省水利厅 省财政厅 省应急管理厅 省气象局 关于印发浙江省城市内涝治理"十四五"规划的通知》； • 《浙江省住房和城乡建设厅 浙江省发展个改革委员会 浙江省自然资源厅 浙江省水利厅 浙江省财政厅关于印发浙江省城市内涝治理实施方案的通知》； • 《浙江省住房和城乡建设厅 浙江省发展和改革委员会 浙江省自然资源厅 浙江省能源局 国网浙江省电力有限公司关于提升城市配电设施防涝能力的若干意见》； • 《浙江省人民政府办公厅关于推进全省海绵城市建设的实施意见》； • 《关于推进城镇污水处理厂清洁排放标准技术改造的指导意见》； • 《杭州市人民政府办公厅关于推进海绵城市建设的实施意见》； • 《宁波市城镇污水处理提质增效三年行动方案（2019—2021年）》； • 《宁波市人民政府关于推进海绵城市建设的实施意见》； • 《温州市海绵城市建设项目管理办法（试行）》； • 《温州市区排水管网整治行动实施方案（2019—2020）》； • 《温州市区排水管网提质增效三年行动计划（2021—2023年）》； • 《温州市水污染防治行动计划》； • 《嘉兴市建委关于加强城市排水设施建设管理工作的通知》；

续表

浙江省	• 《湖州市城镇污水处理提质增效三年行动方案（2019—2021年）》； • 《湖州市水污染防治行动计划》； • 《绍兴市水污染防治行动计划》； • 《金华市水污染防治行动方案》； • 《金华市系统化全域推进海绵城市建设的实施意见》； • 《关于推进市区供排水一体化的实施意见》（金华市）； • 《衢州市水污染防治行动计划》； • 《关于加快推进海绵城市建设的实施意见》（衢州市）； • 《舟山市2022年治水治污工作实施方案》； • 《舟山市普陀城区防洪排涝能力提升三年行动计划（2020—2022年）》； • 《关于推进海绵城市建设的实施意见》（舟山市）； • 《台州市人民政府办公室关于全面推进全市海绵城市建设的实施意见》； • 《关于加强城市内涝防治工作的通知》（台州市）； • 《丽水市水污染防治行动计划》； • 《关于推进丽水市海绵城市建设的实施意见》（丽水市）

资料来源：作者整理。

从城镇排水和污水处理行业监管部门制度、行业标准和技术规范（表3-3、表3-4）来看，浙江省各地城镇排水与污水处理行业监管制度体系日趋完善，监管重点转向源头控制、过程监测和末端无害化并重的全链条治理，将污水处理处置成效与地区监管机构绩效、水安全和生态安全保障、末端污染物资源化和再生利用技术和设施建设相挂钩。全面推行污水排入排水管网许可证制度，加强污水处理厂进出厂水质监管，为排水用户纳管达标率和污水处理厂出水达标率提供重要保障。

浙江省城镇排水和污水处理行业监管部门制度、行业标准和技术规范　　表3-3

浙江省	• 《杭州市市政设施管理条例》； • 《宁波市市政设施管理条例》； • 《宁波市中心城区公共排水管网排查及修复整治实施方案》； • 《温州市市政设施管理条例》； • 《台州市市政设施养护和管理标准》； • 《台州市城市污水处理厂运行监督管理办法（试行）》； • 《台州市城镇污水处理厂长效运行管理办法（试行）》； • 《台州市椒江区排水管网设施运行维护管理办法（试行）》

资料来源：作者整理。

国家及浙江省城镇排水与污水处理行业标准和技术规范[①]　　　　表 3-4

国家	• 《城镇污水处理厂运行、维护及安全技术规程》CJJ 60—2011； • 《城镇污水处理厂运行监督管理技术规范》HJ 2038—2014； • 《城镇污水处理厂污染物排放标准》GB 18918—2002； • 《污水综合排放标准》GB 8978—1996； • 《海绵城市建设评价标准》GB/T 51345—2018
浙江省	• 《城镇供水管网漏点检测技术规程》DBJ33/T 1302—2023； • 《城镇"污水零直排区"建设技术规范》DB 33/T 2450—2022； • 《城镇供排水管网智能化技术标准》DBJ33/T 1279—2022； • 《城镇雨污分流改造技术规程》DB33/T 1234—2021； • 《城镇污水处理厂运行质量控制标准》DB33/T 1213—2020； • 《城镇污水处理厂安全运行管理规范》DB33/T 1178—2019； • 《城镇污水处理厂主要水污染物排放标准》DB33/2169—2018； • 《城镇供排水有限空间作业安全规程》DB33/T 1149—2018； • 《植物纤维增强水泥管排水管道工程技术规程》DB33/T 1145—2017； • 《城镇排水管道运行与维护技术规程》DB33/T 1124—2016； • 《聚乙烯缠绕结构壁管材排水管道工程技术规程》DB33/T 1131—2016； • 《污水泵站运行质量评价标准》DB33/T 1122—2016； • 《塑料排水检查井应用技术规程》DB33/T 1115—2015； • 《一体化预制泵站应用技术规程》DB33/T 1110—2015； • 《工业企业废水氮、磷污染物间接排放限值》DB33/887—2013； • 《城镇排水管渠与泵站维护技术规程》CJJ 68—2007； • 《城镇内涝防治技术标准》DB33/T 1109—2020； • 《暴雨强度计算标准》DB33/T 1191—2020； • 《海绵城市建设区域评估标准》DBJ33/T 1287—2022

资料来源：作者整理。

二、强调一体化运维，构建治污全过程监管机制

2017 年，环境保护部出台《环境保护部关于推进环境污染第三方治理的实施意见》（环规财函〔2017〕172 号），要求排污者与第三方治理单位通过合同约定，建立相互督促、共同负责的市场运作机制，完善细化排放要求和技术规范，指导污染治理设施运行。浙江省城镇污水处理设施积极推动第三方运营的实践证明，通过治理责任界定、规范企业运维管理标准、加强环境监管和信息公开等机制，有助于提升第三方水处理企业的技术标准、投资规模和专业化管理水平，从而推动全省城市排水与污水处理行业的高质量发展。

[①] 浙江省城市雨水及内涝治理技术规范详见表 3-6，在此不再赘述。

为进一步理顺污水管网建设管理体制，优化提升污水管网运管效能。2023年，浙江省人民政府办公厅印发《浙江省城镇污水管网提升改造行动方案（2023—2027年）》，进一步要求提升设施运行、维护和管理的精细化、专业化、标准化水平；有序推进污水系统综合治理，打造推广"厂网一体化运维"等污水综合治理样板；2027年底前，形成系统完备的污水管网运行、维护、管理政策体系和监管机制，建立健全污水管网养护修复制度。

三、创新运维模式，因地制宜推行市场化改革

浙江省城镇污水处理行业打破单一由政府财政投入的传统模式，形成以投资主体多元化、资金来源多渠道、投资方式多样化、建设运营市场化的新格局，基本形成国有及国有控股企业、外资及港澳台资企业、私营企业和上市公司等多种市场主体共同竞争的局面。BOT、TOT、ROT等PPP模式[①]在污水处理项目中被推广运用，极大地缓解了污水处理设施建设的资金压力，提高了设施的运营效率，着力实现经济效益、社会效益和环境效益的有机统一。

杭州作为国家发展改革委推进环境污染第三方治理的试点城市，在平衡增量和存量环境基础设施以及破解城市水污染治理难题方面，为全国提供第三方运营维护经验和实践样板。2002年杭州天创水务有限公司以TOT（转让－运营－移交）方式取得七格污水处理厂一期、二期25年特许经营权，投资者在合同期内拥有、运营和维护污水处理设施，通过收取服务费回收投资资金并取得合理利润，合同期满将运行良好的设施无偿移交给政府，不仅实现投资者运营盈利和优化企业运营模式，也推动了政府从治污者向监管者转变。

又如温州市中心片污水处理厂是亚洲最大的半地埋式污水处理厂，规避了

---

① 基础设施和公用事业特许经营是基于使用者付费的政府和社会资本合作（PPP）模式，根据项目的实际情况，包括建设-运营-移交（BOT）、转让-运营-移交（TOT）、改建-运营-移交（ROT）等运作方式。其中，BOT是指由社会资本或项目公司承担新建项目设计、融资、建设、运营、维护和用户服务职责，合同期满后项目资产及相关权利等移交给政府。TOT是指政府部门将存量资产所有权有偿转让给社会资本或项目公司，并由其负责运营、维护和用户服务，合同期满后资产及其所有权等移交给政府。ROT是指社会资本方在既有基础设施运营与维护的基础上，负责资金筹措、建设和运营管理，并在协议期满后将设施无偿移交给政府部门。

传统地上污水处理厂面临的环境问题与邻避效应。该项目采用 BOT＋EPC 创新模式①，解决了设计、建设、采购以及运营等全过程中存在的突出问题，占地面积仅 95 亩，几乎为原厂 287 亩的 1/3，实现建设用地的集约化。同时，该厂采用大百叶自然进风＋机械抽风的通风设计，多种手段调节运行工况，节省送风机械设备，大幅降低能耗。此外，该厂通过半地埋和"一地两用"建设模式，实现污水处理厂由"邻避效应"转为"邻利效应"。

第三节　齐抓共管推动排水与污水处理行业提质增效

"八八战略"实施二十年来，浙江省以更高标准推动城镇排水与污水处理行业高质量发展。2014 年率先提出国内最严格的城镇污水处理排放标准，2015 年明确要求全省新建城镇污水处理厂出厂水质全部执行一级 A 以上标准，2018 年全国率先出台城镇污水处理清洁排放标准，2019 年出台全省城镇污水处理提质增效三年行动方案，2022 年率先开展"污水零直排区建设"及地方标准制定。浙江省通过一系列改革举措促进了城镇排水与污水处理行业提质增效，为全国其他省份及业内同行开展相关工作提供具有首创意义的"浙江样本"。

一、出台全国首个城镇污水处理清洁排放标准

（一）全面推行一级 A 排放标准

2015 年国家发布的《水污染防治行动计划》（简称"水十条"）提出，强化城镇生活污染治理，要求敏感区域（重点湖泊、重点水库、近岸海域汇水区域）城镇污水处理设施应于 2017 年底前全面达到一级 A 排放标准。浙江省在 2014 年印发《浙江省治污水实施方案（2014—2017 年）》，明确要求实施国内最严格的排放标准，分阶段推进城镇污水处理厂提标改造工作。

---

① BOT＋EPC 是指建设-运营-移交（BOT）＋设计-采购-施工一体总承包（EPC）形式，将立项、勘察、设计、建设、验收、竣工、结算的整个运作过程纳入工程项目合同管理中。

2015年，浙江省人民政府办公厅印发《关于切实加强城镇污水处理工作的通知》（浙政办发〔2015〕42号），再次明确要求全省新建城镇污水处理厂出厂水质全部执行一级A以上标准；已建成的城镇污水处理厂在保证正常稳定运行达标排放的基础上加快实施提标改造。要求在2015年底前，钱塘江流域和太湖流域要全面实施城镇污水处理厂一级A提标改造；2016年6月底前，两大流域城镇污水处理厂出厂水水质全部执行一级A标准；2017年底前，其他地区城镇污水处理厂出厂水水质全部执行一级A标准。最严格的排放标准制定与推行，为全省高标准推进生态文明建设，打造人与自然和谐共生的美丽浙江奠定基础。

（二）实施更严格的排放标准

2018年，浙江省政府工作报告提出高标准推进"五水共治"，明确将打好污染防治攻坚战作为工作重点，启动100座城镇污水处理厂清洁排放技术改造。同年12月17日，浙江省地方标准《城镇污水处理厂主要水污染物排放标准》DB 33/2169—2018发布，并于2019年1月1日实施，对现有城镇污水处理厂、新建和改（扩）建城镇污水处理厂的主要水污染排放物给出明确限值（表3-5），重点规定COD_{cr}、氨氮、总氮和总磷4项污染物的控制要求。浙江省生态环境厅、浙江省住房和城乡建设厅联合印发《关于推进城镇污水处理厂清洁排放标准技术改造的指导意见》（浙环函〔2018〕296号），要求2018年实施清洁排放技术改造的100座城镇污水处理厂，原则上2020年底前出厂水水质需符合表3-5规定的城镇污水处理厂主要污染物排放限值要求。2022年底前，不能稳定达标的国家"水十条"考核断面、省控断面、跨设区市河流交接断面汇水区域、所在水功能区水质不达标以及环境容量超载地区等重点环境敏感区域内的现有城镇污水处理厂执行清洁排放标准。

城镇污水处理厂主要污染物排放限值　　　　表3-5

序号	污染物项目	限值（mg/L）	
		日均值	最大瞬时值
1	化学需氧量(COD_{cr})	30	50
2	氨氮①	1.5(3)	5(8)

续表

序号	污染物项目	限值(mg/L)	
		日均值	最大瞬时值
3	总氮①	10(12)②	15
		12(15)③	
4	总磷	0.3	0.5

资料来源：《城镇污水处理厂主要水污染物排放标准》DB 33/2169—2018。
① 括号内数值为每年11月至次年3月执行。
② 适用于新立项城镇污水处理厂。
③ 适用于改（扩）建污水处理厂。

《城镇污水处理厂主要水污染物排放标准》DB 33/2169—2018 的实施为各地开展城镇污水处理厂清洁排放技术改造提供依据和标准，倒逼污水防治前端处理设施的改造升级以及末端污染物处置的资源化利用，真正实现"标准引领，制度先行"，助力全省污水治理提质增效。截至 2022 年，浙江省全域范围内建成城镇污水处理厂 336 座（含县以上城市污水处理厂 157 座），全部执行一级 A 及以上排放标准，其中 285 座城镇污水处理厂已完成清洁排放技术改造，迭代升级城镇污水处理厂主要污染物排放标准使浙江省城镇生活污水处理厂尾水水质走在全国前列。

二、全国率先开展"污水零直排区"建设

"污水零直排区"① 指以公共排水管网全覆盖、雨污全分流、污水全收集处理为目标建成的区域，建设范围内基本实现污（废）水"应截尽截""应处尽处"，雨水和污（废）水"应分尽分"。"污水零直排区"建设是系统整治、全面推进浙江省水环境质量持续改善的治本之策，是深化治水成效、优化人居环境的重要举措，对高水平建设美丽浙江、高质量发展建设共同富裕示范区具有重要意义。

---

① 资料来源：浙江省地方标准《城镇"污水零直排区"建设技术规范 第1部分:总则》DB33/T 2450.1—2022。

(一)城镇"污水零直排区"建设成效显著

2018年浙江省在全国率先开展城镇"污水零直排区"建设,重点关注城中村、城郊接合部、老镇区等历史欠账较多、基础设施薄弱的重点区块,聚焦餐饮行业、美容理发、农贸市场等重点行业,围绕印染、造纸、化工、电镀、水产养殖等行业污染,系统推进源头治污、终端分流。截至2022年,浙江省累计完成11582个生活小区"污水零直排区"建设。经过探索和实践,全省基本实现污水"应截尽截、应分尽分",有力助推城乡面貌改善和支撑地区高质量发展。

金华市较早开展全域"污水零直排区"建设,截至2023年,全市列入省建设的乡镇(街道)、镇级以上工业园区(工业企业)均100%完成建设,8个县(市、区)高质量通过全域"污水零直排区"建设验收。其中,金华开发区先后开展以城中村为典型代表的"污水零直排区"重难点区块建设,在全面普查摸清底数,网格化巡查和常态化监管并举的同时,积极发挥民众自治的监督作用,拓宽群众举报投诉等沟通渠道,提升治水工作的信息化水平。"污水零直排区"的建设大幅度改善地区水环境,2022年金华市水环境质量位居全省首位;市界出境断面考核结果为优秀,10个出境断面均达到地表水功能区水质的目标要求。金华市成为全国首批12个达到治理目标、黑臭水体消除比例100%的地级市之一。

(二)出台国内首个城镇"污水零直排区"建设的地方标准

为统一城镇"污水零直排区"的建设排查、设计、施工、评估、验收、运行维护管理等要求与标准,浙江省相继出台了《浙江省"污水零直排区"建设行动方案》《浙江省镇(街道)"污水零直排区"建设验收实施细则》《浙江省"污水零直排区"建设技术指南》,编制发布了《城镇"污水零直排区"建设技术规范》DB33/T 2450—2022(以下简称《技术规范》),成为全国首个省级层面城镇"污水零直排区"建设的地方标准,使浙江省城镇"污水零直排区"建设有据可依、有标可循。《技术规范》明确城镇"污水零直排区"的建设内容、工作流程、管理运维和基本要求等内容,将"源—网—厂—口—河"作为有机整体,系统全面地推进城镇"污水零直排区"排查、设计与施工、评估验收和运行维护工作，实现排水户排水、污水预处理、污水输送、污水处理、排入环境等环节的系统重塑。《技术规范》要求从排水户—预处理设施—排水管网—污水处理设施—排水口各个环节进行运行维护以及智能信息化管理，巩固和提升"零直排小区"改造成效。通过《技术规范》的制定和实施，提升城镇"污水零直排区"的全面排查、规划设计、施工建设、评估验收、运行维护等环节的规范化和标准化能力。

三、三年行动稳步推进污水处理提质增效

为进一步加快补齐城镇污水收集和处理设施短板，尽快实现污水管网全覆盖、全收集、全处理，住房城乡建设部、生态环境部和国家发展改革委于2019年4月联合印发《城镇污水处理提质增效三年行动方案（2019—2021）》，明确提出通过实施管网混错接改造、管网更新、破损修复等工程，实施清污分流，全面提升设施效能。同年9月，浙江省住房和城乡建设厅、浙江省生态环境厅和浙江省发展改革委联合出台《浙江省城镇污水处理提质增效三年行动方案（2019—2021年）》，明确要求经过三年努力，全省基本实现城镇截污纳管全覆盖，县级及以上城市建成区基本无生活污水直排口；基本消除城中村、老旧城区和城乡结合部生活污水收集处理设施空白；基本消除黑臭水体；全省城市污水处理厂平均进水生化需氧量（BOD），质量浓度提高到100毫克/升以上，城市生活污水集中收集效能显著提高。城市污水处理厂进水BOD质量浓度低于100毫克/升的，要围绕服务片区管网制定"一厂一策"系统化整治方案，并明确整治目标和措施。

为此，浙江省立足本省发展实际和地域禀赋差异，针对全省设市城市制定差异化的城市生活污水集中收集效能提升目标，重点对生活污水集中收集率和城镇污水处理厂BOD进水浓度两项指标提出具体的量化评估标准，明确制定"一厂一策"系统整治方案以提升管网收集效能。2019年起浙江省住房和城乡建设厅委托第三方机构对全省11个地级市53个县市城镇污水处理厂进水BOD浓度与"一厂一策"系统整治方案进行系统摸排和科学评估。全省各地深入剖析

进水 BOD 质量浓度低于 100 毫克/升的原因，提出系统整治方案和具体整改措施，近年来进水 BOD 质量浓度低于 100 毫克/升的城镇污水处理厂的数量有所降低。

第四节　因地制宜推进污水处理行业绿色低碳转型

"八八战略"实施二十年来，浙江省持续围绕生态环境改善和美丽浙江建设的迫切需求，因地制宜地推进城镇排水与污水处理行业绿色低碳转型，形成颇具推广价值的实践模式和地域特色的典型经验。结合浙江省省情和发展需求，从资源禀赋、生态本底和产业布局出发，各地因时而变、因势而动，建设地埋式城镇污水处理厂实现土地集约利用，探索"光伏＋"和热能利用技术应用促进节能降耗，多途径、跨领域提升城镇污水再生利用和配置效率，规范化、高标准推进污泥减量化、稳定化、无害化和资源化。

一、集约用地和减排技术并举助力"双碳"目标

（一）地埋式建设模式实现用地集约

为更好地应对城市土地资源日益稀缺和生态环境需求不断增长等现实问题，浙江省以推进高质量发展建设共同富裕示范区为目标，践行"两山"理念，打造美丽宜居的生活环境，从顶层设计出发，积极探索适合地区实际的环境保护设施建设和土地利用模式。随着浙江省城市化的快速推进，城市区域边界不断扩展，群众对美好人居环境的需求不断增强，环境整治力度持续加大。为有效化解污水处理厂建设用地紧张和传统模式给污水处理厂周边建成区带来的"邻避效应"，近年来，浙江省坚持"绿色、生态、集约"理念，推广占地面积更小、布局更紧凑、综合化利用率更高的地埋、半地埋建设模式，鼓励经济发达、用地紧张的市县，对规划建设 5 万吨/日（含）以上规模的城市生活污水处理厂采取地埋式建设模式。同时，为切实加强对地埋式城镇污水处理厂建设的规范指导，浙江省住房和城乡建设厅于 2020 年编制出台《地埋式城镇污水处理厂建

设技术导则（试行）》，用于指导全省各地因地制宜地推进地埋式污水处理设施的规划和建设。

截至 2023 年 9 月，浙江省共有地埋或半地埋式生活污水处理厂 19 座（含在建），处理能力共计 237 万吨/日，约占全省既有城镇生活污水处理厂处理总能力的 14%。其中，已建成地埋式污水处理厂 6 座，分别为浙江省首个全地埋式污水处理厂——临平净水厂、浙江省建设规模最大的地埋式污水处理厂——萧山钱江污水处理厂四期工程、浙中首座全地埋式污水处理厂——义乌市双江湖净水厂、亚洲最大的半地埋式污水处理厂——温州市中心片污水处理厂、达到排放标准最高的全地埋式污水处理厂——杭州市之江净水厂、杭州首座半地埋式污水处理厂——杭州市七格污水处理厂四期工程。实践证明，地埋式建设模式和节地实践规避了传统地面式污水处理厂的"邻避效应"。通过设施主体隐入地下，地上部分有效开发利用，在有效节约地上空间的同时，提高土地资源利用率和土地利用价值，释放土地空间价值，带动周边地区经济发展。结合景观融合和环境改造的用地建设模式，有效解决传统污水处理设施伴随的"邻避效应"问题。

（二）"光伏＋"和热能利用技术应用共促节能降耗

2020 年 4 月，国家发展改革委、财政部等五部门联合印发《关于完善长江经济带污水处理收费机制有关政策的指导意见》，提出鼓励污水处理企业综合利用场地空间，采用"自发自用、余量上网"模式建设光伏发电项目。2022 年 6 月，生态环境部等七部门联合印发《减污降碳协同增效实施方案》，提出在污水处理厂推广建设太阳能发电设施，同时开展城镇污水处理和资源化利用碳排放测算，优化污水处理设施能耗和碳排放管理。

浙江省各地从提升污水处理工艺的角度入手，积极探索前沿技术，以实现节能降耗、提高能源利用效率和资源回收率为目标，优化节能设备选型、分段精确曝气控制、药剂智能化精准化投加、污泥资源化利用等绿色、低碳新工艺和新材料的推广利用，促进碳捕获、磷回收等新技术的探索、开发和应用，增强设施绿色可持续运营能力。在清洁能源利用方面，浙江省结合污水处理厂的负荷特点及风力、太阳能资源状况，因地制宜地推进风光互补发电的污水处理厂建设改造模式，部分污水处理设施利用构筑物上方空间进行光伏开发，支持厂区用电需求。

如宁波北仑岩东污水处理厂2.95兆瓦分布式光伏发电项目。该项目通过在厂区氧化沟和沉淀池等构筑物上方搭建光伏组件，每年可节约标煤约874.3吨，以及减少二氧化硫排放约17.58吨、氮氧化物约5.96吨、温室气体约2309吨、烟尘约6.28吨、灰渣排放约121吨。而义乌市水处理有限责任公司江东运营部分布式光伏发电应用项目，利用二期氧化沟和深床滤池上部空间近10000m^2，采用2210块单板容量为545峰瓦的国内先进多晶硅玻璃膜片组建，装机总容量1155.4千峰瓦，年均提供绿色清洁电能118.8万千瓦时，每年节约标准煤366.58吨，减少二氧化碳排放量约1065.63吨。又如台州市水处理发展有限公司污水处理厂充分利用厂区生化池上方110亩空间，建设总装机容量4.39兆瓦的柔性光伏电站，平均每日光伏发电3万千瓦时，能够满足厂区50%的用电需求；同时利用污水源热泵系统，充分满足厂区内全部办公用房夏季供冷与冬季供热需求。经初步统计，2021年全省执行一级A及以上排放标准的城市生活污水处理厂能耗平均水平为345.7千瓦时/千立方米，优于全国平均水平（404.7千瓦时/千立方米）。"光伏＋"和热能利用技术减少了对传统能源的依赖和消耗，实现了污水处理过程的低碳、低耗。

二、污水再生水利用实现分类处置和高效配置

（一）污水再生水分类处置现状

制度体系建设为浙江省推进污水再生利用提供重要的发展方向。2021年2月，浙江省发展改革委等十部门联合印发《省发展改革委等10部门转发关于推进污水资源化利用的指导意见的通知》，要求全省各地要结合城镇生活污水处理厂提标改造计划，不断提升再生水生产能力，积极拓展再生水在工业生产、市政杂用、农业灌溉、景观环境等领域的应用，为全省实现水资源高效利用做出努力。2022年12月，浙江省生态环境厅等十部门联合颁布《浙江省减污降碳协

同创新区建设实施方案》，提出构建区域再生水循环利用体系，因地制宜建设人工湿地水质净化工程及再生水调蓄设施。探索推广污水社区化分类处理和就地回用。建设资源能源标杆再生水厂。截至2022年，浙江省城市再生水生产能力达到272.2万立方米/日，再生水输配管网总长度为422.93公里。全省各地大力推广生活污水处理厂再生水利用，截至2022年，浙江省污水处理厂再生水综合利用率达到20.51%，主要用于工业园区内自用（包括园区内中水回用、污泥脱水）、自然水体回用（河道回灌、景观湿地补给）以及市政杂用（如道路喷洒清洗、绿化养护灌溉、公共冲厕、消防用水）等。

（二）污水再生水高效配置实践

浙江省各地积极开展再生水利用配置相关工作，从规范管理、安全处置、政策激励和市场运作等角度，优化制度设计和政策措施，统筹推进污水高效再生利用。2022年10月，宁波市、长兴县、平湖市、绍兴市柯桥区、义乌市、玉环市6个市、县（市、区）被确定为首批国家典型地区再生水利用配置试点城市。

本部分以宁波市为例进行分析。宁波市因地制宜在河道生态补水、工业用水水源、成品工业用水等领域探索出符合实际的再生水利用模式。18座城镇污水处理厂配套建有再生水处理设施，再生水设计日生产能力62.54万吨。2021年新修订的《宁波市城市排水和再生水利用条例》进一步规范污水排放行为，加强城市排水和再生水利用的规划引导和约束作用，明确再生水利用相关细则，要求将再生水纳入水资源管理，实行地表水、地下水、再生水等水资源联合调度、统一配置；要求观赏性景观用水、工艺用水、城市绿化、公厕冲洗、建筑施工、车辆冲洗等优先使用再生水；要求市和区县（市）人民政府应当建立健全再生水利用设施建设和再生水使用激励机制。其中，宁波市岚山净化水厂通过自主实施"超滤膜＋反渗透膜"工艺改造，再生水出水水质远优于一般工业用水标准，可满足高品质工业用水需求，广泛应用于高压锅炉用水、精密电子产品制造用水和生物制药等领域。该工程产生的高品质再生水供应量约为2.5万吨/天，直供至镇海炼化、镇海电厂等大型工业企业。其中，二期工程配套的再生水项目主要用于厂区内道路清洗、绿化浇灌、生态养鱼、洗车、设备冲洗、药剂化药等多个区域，实现厂区内再生水使用全覆盖。宁波市水务环境集团福明净化水厂再生水回用工程通过"再生水补水—水质生态改善—自然景观河道"的创新组合，把再生水作为"产品水"回灌至河道生态塘，利用河道生态塘内水体修复技术对再生水进行生态活化涵养，促进水体活性恢复，进一步去除水中氮、磷等营养盐指标，使再生水水质提升至《地表水环境质量标准》GB 3838—2002中Ⅳ类水标准，实现再生水作为"准自然水"回灌补充河道。

三、末端污染物实现无害化处置和资源化利用

（一）末端污染物无害化处置现状

浙江省高度重视污水处理末端污染物的无害化处置工作，最早于2008年在《浙江省人民政府关于印发"811"环境保护新三年行动实施方案的通知》（浙政发〔2008〕7号）中明确要求：完成市固废处置中心建设并达到省级建设要求，加快推进污水处理厂污泥无害化处置工作。结合《浙江省污水处理设施污泥处置工作实施意见》（浙环发〔2008〕67号），浙江省住房和城乡建设厅组织编制并出台《浙江省城镇污水处理厂污泥处置设施建设规划（2009—2012年）》，要求以污泥"减量化、稳定化、无害化和资源化"为目标，加强污泥专项规划引导，有条件的地方要力争实现污泥处置设施区域共享，不断提高污水处理厂污泥处置土地、资源的集约化水平；加强设施运行监管，确保污水处理厂出水和污泥中重金属等有毒有害物质符合规范要求，为促进浙江省城镇污水处理厂污泥资源化发展创造有利条件。截至2021年，浙江省共计建设352处污泥处置设施[①]，干污泥处置能力达到3735.84吨/日。污泥处理处置方式主要包括焚烧发电、制造建材、堆肥、填埋等四种，从2022年浙江省污水处理厂的污泥处置方式来看，焚烧发电占比最高，达到59.56%；其次为制造建材，为15.19%。其

---

① 其中，杭州50处、湖州54处、嘉兴15处、金华46处、丽水20处、宁波35处、衢州21处、绍兴19处、台州36处、温州45处、舟山11处。

他、填埋和堆肥处置方式占比相对较少，分别为12.10%、9.13%和4.02%。

（二）末端污染物资源化利用实践

浙江省各地积极探索污水处理末端废弃物协同处置治理模式，构建一般工业固废全量化、无害化和资源化利用的绿色循环发展路径，在积极探索地区市场需求的基础上，形成循环产业链，实现末端污染物资源合理化利用。本部分以宁波市、湖州市和嘉兴市为例进行分析。其中，宁波市供排水集团有限公司下属北区污水处理厂以末端固废污泥为原料，制成生物污泥陶粒，以其耐磨、截污能力强、化学性能稳定等特点作为绿色过滤材料，用于园林绿化、建材、化工等领域。嘉兴市范围内的污水处理厂分别与嘉兴嘉爱斯热电厂和嘉兴发电厂签署合作协议，实现污泥烘干后掺煤焚烧。湖州市于2016年出台《湖州市区"十三五"清淤泥治污泥实施方案》，要求"坚持分类处置，建立规范化污泥处置体系""确保到2020年，实现河道淤泥全域清除，污泥处置全程规范，长效管理机制全面建立"，该市将河道淤泥和污水处理厂污泥作为主要原料，大力推进新型墙体材料资源化利用。此外，湖州市长兴县诚泽水务有限公司借助污泥水热解—厌氧消化—碳化利用的新型污泥处理技术，进行污泥水热碳化循环利用，有效实现就地处置。该技术具有不添加化学药剂、环保、安全、占地小、能耗低、效率高、投资适中、运行稳定等特征，实现污泥全面资源化利用，开发的碳吸附材料和自洁透水砖可广泛用于水净化处理和建设海绵城市。

第五节 抓点扩面实现城镇排水和内涝防治能力全面提升

浙江省以"八八战略"为指引，持续提升城镇排水和内涝防治能力。在完善内涝防治制度体系的同时，出台多项具有全国首创性的技术规范。浙江省将系统推进全省内涝风险普查作为重要抓手，形成标准统一的城市内涝风险调查数据库成果。加强管网新建改造、雨污分流、泵站等排水防涝基础设施建设。落实城市易涝点"一点一案"防御，完善城市内涝物联感知网络，提高灾害预报的准确性、排查处置的及时性并实现灾后损失的最小化。

一、顶层设计，全方位完善内涝治理体系

（一）跨部协同健全制度体系

浙江省不断完善城市内涝治理工作制度，落实属地责任，健全内涝治理制度。在2013年国务院办公厅颁布《城镇排水与污水处理条例》和《国务院办公厅关于做好城市排水防涝设施建设工作的通知》（国办发〔2013〕23号）的基础上，浙江省结合省情印发《浙江省人民政府办公厅关于加强城市内涝防治工作的实施意见》（浙政办发〔2014〕11号），针对部分城市内涝严重、应对不力、排涝规划滞后等问题，提出具体治理措施，包括分步走整治淹水区与易涝区、编制城市排水防涝综合规划、提高设计标准、加强设施投入与改造等。浙江省政府为系统推进城市重大排水防涝设施建设，发布《浙江省人民政府办公厅关于深入推进"五水共治"加快实施百项千亿排水防涝工程的意见》（浙政办发〔2016〕145号）。为进一步推进城市排水防涝工作，浙江省于2020年出台《关于进一步加强城市排水防涝工作的意见》（浙防指办〔2020〕7号）和《浙江省城市易涝区域整治三年行动方案（2020—2022年）》。

浙江省城镇排水及内涝防治政策的重点由被动应对转向防治结合，在提升城市内涝治理能力的同时，强调跨部门协同，实现突发灾害的监测应急。2020年，出台《浙江省住房和城乡建设系统防汛防台抗旱工作应急预案》，从预防预警、风险识别管控、应急响应行动和措施以及灾后恢复和应急保障等方面对相关工作职责进行梳理。2021年，浙江省发展和改革委员会联合浙江省住房和城乡建设厅等7部门发布《浙江省城市内涝治理"十四五"规划》，提出风险点摸排管控、动态监测管控和应急响应机制建立、工程体系完善与智能技术应用等工作目标。同年，浙江省住房和城乡建设厅会同多部门联合印发《浙江省城市内涝治理实施方案》（浙建城〔2021〕49号），为全省系统开展城市内涝治理提供行动指南，该实施方案获住房城乡建设部肯定并转发全国各省推广借鉴。2022年，浙江省住房和城乡建设厅会同浙江省发展和改革委员会、浙江省自然资源厅、浙江省能源局和国网浙江省电力有限公司印发《浙江省住房和城乡建

设厅 浙江省发展和改革委员会 浙江省自然资源厅 浙江省能源局 国网浙江省电力有限公司关于提升城市配电设施防涝能力的若干意见》（浙建〔2022〕3号），要求提高城市新建配电设施防涝建设标准、推动城市既有易涝配电设施迁移改造以及落实城市配电设施管理责任等。

（二）技术先导推进内涝风险防控

浙江省不断完善技术标准体系，积极推进应急工作指南和案例库的编制工作，实现城市排水及内涝治理工作的规范化管理。具体包括修编《浙江省城镇内涝防治技术标准》，制定《浙江省城镇生活小区"污水零直排区"建设验收评分标准（试行）》《浙江省海绵城市建设区域评估办法（试行）》《浙江省城市体检工作技术导则（试行）》《浙江省住房城乡建设系统城市内涝风险普查导则（试行）》和《浙江省低影响开发设施运维技术导则》，印发《浙江省城市易涝区域整治三年行动方案（2020—2022年)》《城镇内涝防治规划编制大纲》。近年来，浙江省出台多项技术规范（表3-6）。其中，《城镇防涝规划标准》DB 33/1109—2015、《暴雨强度计算标准》DB33/T 1191—2020、《浙江省城市防涝专项体检导则》和《浙江省城市内涝风险普查导则》为全国首创。

浙江省城市雨水及内涝治理技术规范　　表3-6

发布时间	技术规范
2022年9月	《海绵城市建设区域评估标准》DBJ33/T 1287—2022
2020年11月	《城镇内涝防治技术标准》DB 33/T 1109—2020
2020年3月	《暴雨强度计算标准》DB 33/T 1191—2020
2019年5月	《民用建筑雨水控制及利用设计规程》DB 33/T 1167—2019
2017年11月	《城镇道路排雨水设计规范》DB 33/T 1144—2017
2015年4月	《城镇防涝规划标准》DB 33/1109—2015

资料来源：作者整理。

为规范城镇内涝防治规划的编制和指导内涝防治工程的设计与管理，提升城镇内涝防治能力，有效防治城镇内涝，保障城镇运行安全，浙江省住房和城乡建设厅于2020年发布浙江省工程建设标准《城镇内涝防治技术标准》DB 33/T 1109—2020。该标准在2015年版技术标准的基础上，增加设计流量、内涝风险评估、地下空间、下沉空间和下凹地面排水防涝措施等内容,并将城镇排水防涝规划大纲、内涝风险点整治方案大纲纳入其中。

为规范海绵城市建设区域效果评估,全域推进浙江省海绵城市建设,改善城市生态环境,提升城市防灾减灾能力,扩大优质生态产品供给,增强群众获得感和幸福感,浙江省住房和城乡建设厅于 2022 年发布浙江省工程建设标准《海绵城市建设区域评估标准》DBJ33/T 1287—2022,该标准构建了水生态、水环境、水安全、自然生态格局及建设成效等 5 项核心指标、14 项非核心指标以及 1 项区域指标海绵城市建设评估指标体系。强调对城市建成区范围内的源头减排项目、过程控制和末端治理项目、排水分区以及城市建成区整体海绵城市建设效果进行评估。

二、夯实基础,多维度提升排水防涝能力

(一)全面普查摸清风险底数

为加快推进全国"灾害风险普查和重点隐患排查工程",指导浙江省各地开展城市内涝风险普查工作,建立全省城市内涝风险数据库,以及为提升城市内涝防治能力提供坚实的数据基础,浙江省住房和城乡建设厅结合全省第一次全国自然灾害风险普查工作要求,于 2021 年印发《浙江省住房城乡建设系统城市内涝风险普查技术导则(试行)》(以下简称《导则》),对普查内容、成果、责任主体及职责分工、普查对象和范围、人员及成果要求等作出基本规定。

《导则》强化落实责任主体,细化职责分工。浙江省第一次全国自然灾害综合风险普查领导小组办公室统一协调各类普查工作;浙江省住房和城乡建设厅负责技术指导,统一工作标准,负责组织编制城市内涝风险普查技术导则,指导地方开展相关普查工作;地方各级人民政府按照浙江省第一次全国自然灾害综合风险普查领导小组办公室和浙江省住房和城乡建设厅的统一部署和要求,负责组织本行政区域的城市内涝风险普查工作。

《导则》明确住房和城乡建设系统城市内涝风险普查工作对象。重点关注城市近十年历史涝点以及内涝隐患点,包括城市洼地、下穿立交、下沉广场和城

镇住宅建筑地下空间等。近十年历史涝点调查、城市洼地分析范围为中心城区；城镇住宅建筑地下空间调查范围为城镇建成区；下穿立交、下沉广场、应急救援队伍与救援物资及装备调查范围为县级行政单元全域。《导则》要求确保源头数据质量，有条件的地区可以通过政府购买服务的方式委托第三方机构开展调查工作，需加强对第三方机构专业能力的审查，优先选用具有专业能力的机构，确保由专业技术队伍承担专业工作。调查资料和成果，应按照国家有关规定保存，任何单位和个人不得对外提供、泄露，数据共享应用应符合国家及地方的相关规定。

《导则》要求建立互联共享的覆盖省、市、县三级的城市内涝风险相关的普查成果数据库。要求形成标准统一的城市内涝风险调查数据库成果，展示完整、准确的城市历史涝点、隐患点、应急救援队伍与物资装备分布等。《导则》提出该项工作的技术方法，分别从数据收集、内业工作、外业工作、数据建库、数据汇交及入库等流程明确工作要求和职责分工。同时，在数据质量审查环节，要求通过自检和抽检审核的方法对单条数据记录属性进行成果判定。

为贯彻落实国家和浙江省关于"全国自然灾害综合风险普查"的整体部署，摸清浙江省城市内涝灾害风险隐患底数，客观认识浙江省各地市城市内涝综合风险水平，保证浙江省第一次全国自然灾害综合风险普查房屋建筑、市政设施、城市内涝调查数据质量，结合省情实际，浙江省住房和城乡建设厅于2022年出台《浙江省城市内涝风险普查数据建库指南》和《浙江省建设系统第一次自然灾害综合风险普查数据成果质检核查指南》，明确提出对质检过程中发现的缺漏项和不合格项数据，按照"应补尽补、需返尽返"的原则做好整改和完善，确保数据真实可用。

浙江省各地融合多种技术手段、数字化资源和应用渠道，开展城市内涝风险普查和应用实践。其中，台州市以数字化改革为牵引，在"台州城市大脑"框架下，建设市自然灾害风险普查数据中心，推动基础数据库互联互通。在充分挖掘本地区、本行业已有基础和日常业务工作情况的基础上，主动拓展普查成果在水旱、地灾、森林、海洋、气象、内涝等行业的应用渠道和应用方式，打造地质灾害风险等级预报系统、"森林智眼"预警监测系统、"数字孪生"椒江、内涝治理在线平台、"海灾智治"、船舶修造企业安全生产管理系统和自然灾害数字宣传展馆等20余个应用场景。同时,把风险普查成果应用到巨灾保险试点中,在台风"杜苏芮"影响期间,台州市7个县(市、区)因强降雨触发理赔,理赔覆盖率达70%,有效弥补暴雨灾害所带来的损失。

(二)量质并举提升治理能力

浙江省根据排水防涝工作任务书,扎实推进管网新建改造、雨污分流、泵站建设等工作,严把工程设计和质量验收关。截至2022年,浙江省建成区排水管网密度为15.10公里/平方公里。相比"十二五"期末,雨水管道增加9000公里,同比增长46%,年均增长率7.8%。2009—2022年排水管网建成密度与污水处理总量增长基本持平(图3-4①)。

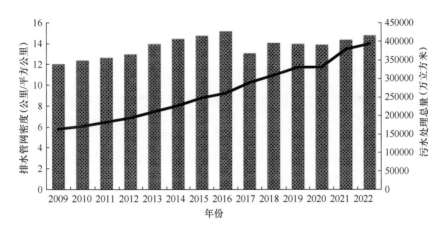

图3-4 2009—2022年浙江省排水管网密度与污水处理总量趋势变化情况

资料来源:《中国城市建设统计年鉴》(2010—2023),中国统计出版社。

三、以点带面,高标准推进海绵城市建设

(一)由试点建设迈向全域推广

2016年浙江省人民政府办公厅出台《浙江省人民政府办公厅关于推进全省

---

① 该数据统计起始于2009年。

海绵城市建设的实施意见》（浙政办发〔2016〕98 号），要求全省各城市新区、各类园区、成片开发区以及新开工有条件实施的项目要全面落实海绵城市建设要求，综合采取"渗、滞、蓄、净、用、排"等措施，最大限度减少城市开发建设对生态环境的影响，就地消纳和利用 70%以上的降雨，到 2030 年，设区市和县级市建成区 80%以上的面积、其他县城建成区 50%以上的面积达到目标要求。该意见的出台标志着浙江省海绵城市从小范围的试点迈向大规模的推广。

浙江省各地结合城市更新，融合地域特色，高标准强化系统设计，高质量落地示范项目，高水平优化城市水环境，打造国家海绵城市试点。其中，宁波市和嘉兴市圆满完成国家海绵城市"十三五"试点任务，杭州市、金华市和衢州市成功获批"十四五"海绵城市示范试点城市。浙江省同步开展省级试点建设，推进海绵城市示范区、海绵型公园绿地、海绵型居住区、海绵型道路广场、海绵型小城镇等示范建设。绍兴、衢州、兰溪、温岭 4 个不同地理条件的城市，获批 6 亿元省级试点资金，建成 63 平方公里海绵城市示范区；全省累计投入 4.6 亿元奖补资金支持全域海绵城市建设。温岭东部新区海绵城市建设作为浙江省的样板，融合了低影响开发、生态网络、生态补偿等可持续发展理念，在径流控制、水资源利用、水污染防治、景观营造以及水生态保护方面进行了有益探索。杭州作为入选全国首批系统化全域推进海绵城市建设示范城市，充分发挥已有山水之城的生态优势，融合"安澜海绵、民生海绵、品质海绵、数字海绵"，因地制宜地构建了一整套高效协同的海绵城市建设体系，并在国家海绵城市建设示范城市绩效评价中获得"A"等级。此外，继杭州之后，金华、衢州相继入选全国系统化全域推进海绵城市建设示范城市，其中，金华市已连续两年在国家海绵城市建设示范城市绩效评价中获得"A"等级。

（二）标准化提升建设品质

浙江省坚持老城区以问题为导向突出海绵改造，新城区以目标为导向突出海绵建设，统筹把握城市单元地块建设与区域建设的关系。从编制标准规范、实施示范性工程、强化典型示范引领和绩效评价指导等方面优化全域海绵城市建设工作，提升海绵城市建设品质，实现试点激励和全域评价并举。《杭州市海绵城市建设管理办法》围绕系统化全域推进海绵城市建设要求，从立法层面对规划、建设、管理等各环节做出规定，明确了海绵城市项目的运维单位、设施移交、运行维护职责、设施拆改等工作细则，形成建管衔接长效运维机制，推进海绵城市建设的闭环管理。同时，《杭州市海绵城市建设中央补助资金管理办法》《杭州市海绵城市建设重点示范区域及优秀项目评选办法》等多项配套制度相继出台，从法规、规范性文件到技术规范等维度为海绵城市建设提供制度保障。

为规范海绵城市建设区域效果评估，全域推进浙江省海绵城市建设，改善城市生态环境，提升城市防灾减灾能力，扩大优质生态产品供给，增强群众获得感和幸福感，浙江省住房和城乡建设厅于 2022 年发布浙江省工程建设标准《海绵城市建设区域评估标准》DBJ33/T 1287—2022，该标准构建了水生态、水环境、水安全、自然生态格局及建设成效 5 项核心指标，14 项非核心指标以及 1 项区域指标。强调对城市建成区范围内的源头减排项目、过程控制和末端治理项目、排水分区以及城市建成区整体海绵城市建设效果进行评估。

四、全域统筹，系统化实现污涝综合治理

（一）落实责任实现"一点一案"

浙江省各级政府强化落实内涝防治主体责任，明确细化责任清单，在摸清风险底数的同时，强调"一点一案"，强化防范城市内涝及事前、事中和事后全流程常态化和非常态化防控等工作。根据《中华人民共和国防洪法》《中华人民共和国抗旱条例》《浙江省防汛防台抗旱条例》中关于防汛抗旱工作实行各级行政首长负责制的规定，浙江省在全面落实防汛防台行政首长负责制和岗位责任制的基础上，明确并细化各级防汛责任人在不同应急响应等级下的职责清单。

浙江省各地持续推进隐患摸排整治工作，对下凹式立交桥、隧道、地下空间等重要区域重点关注，建立隐患风险清单，制定整治方案。充分考虑最不利因素，确保落实好排水通道疏浚、排水设施预置和内涝风险警示等，重点排查

桥涵隧洞、地下商场、地下车库、立交桥下、工地基坑和低洼地段等内涝风险点，对全省城市易涝点落实"一点一案"防御，并加强对城市低洼地区、下穿式立交、桥涵隧道、小区地下车库区域的检查巡查，做好相应标志设置和排水设施准备。浙江省各地积极推进排水设施、下穿立交（城市隧道）、重要易淹易涝区域布设物联感知设备相关工作，完成城市内涝物联感知设备（液位仪、电子水尺、层压式水位计和气泡式水位计等）安装共计 2290 套。其中，城市下穿隧道 112 套、城市下穿立交 290 套、低洼易涝点位 674 套，有积水风险的城市隧道 100% 完成安装。数据统一接入浙江省人民政府防汛防旱指挥部办公室"防汛防台在线"和"浙里城市生命线及地下空间综合治理系统"。浙江省加大设施养护和管道清疏力度，严格落实排水设施标准化规范管养。2016—2022 年，全省累计清淤排水管网已超过 18 万公里。截至 2022 年，浙江省共有行业管理人员 1326 人，下属养护企业 176 家，共有专职养护人员 4785 人，备有大型排涝车 328 台，应急移动水泵 17530 台，发电机 4340 余台，其余各类抢险物资 4680 万余件。

（二）智慧监管赋能应急处置

浙江省积极探索内涝防治技术及应用模式，以数字化手段助力城市内涝治理，进而提高灾害预报的准确性、排查处置的及时性以及确保灾后损失的最小化。全省各地加强城市内涝数字化场景推广部署及经费保障，按照"浙里城市生命线"集成应用城市内涝智防场景建设要求，在已有技术应用基础上加快智能感知设施建设改造，确保汛期实时获取积水内涝数据，及时采取处置措施消除内涝风险隐患。

本部分以杭州市、义乌市、温岭市为例进行分析。其中，杭州市通过制定配套政策文件、体制机制建设和智能化监测设施设备与滨江区内涝模型应用的融合使用，基于 411 个排水分区的内涝分区预警系统与气象部门联合开发"杭州市城市内涝监测预警平台"，根据 1 公里×1 公里精细网格天气预报可实现提前 1 小时内涝预警。该平台利用物联网、大数据、云平台等技术，实现应对城市内涝灾害的信息化全过程管理。平台囊括日常管理、预防预警、内涝处置、事后复盘四大应用场景，汇聚各区气象预报信息、河道水位及流量流速、雨水管液位、道路积水点水位等实时监测数据，以及管网、河网、排水片区、地下空间、桥隧、地铁口等基础设施数据，在城市内涝风险模型演算支撑下，可实现信息展示一张图、态势感知一张网、指挥调度一体化、防涝安全一网管。

义乌市综合集成气象局、水务局、应急局、公安局、水务集团等15个部门、57个大类、800多项的数据，并安装监测设施101台（套），实现对城区35个易积水风险点的实时监测预警。通过城市排涝模型实时演进计算，在线分析城市内涝风险态势，实现内涝风险预警预报和及时管控。通过内涝监测预警系统建立闭环处置流程和多跨部门联动处置机制，全面提升城市内涝防治数字化管理水平，最大限度减少人员伤亡和财产损失。

温岭市积极推进内涝智防场景建设，汇集气象、水利、自然资源、公安和应急等相关部门的数据资源，支撑城市内涝风险模型演算和内涝险情事件应急处置。安装20余台（套）监测设施实现对全市区13个易涝风险点实时监测预警，并对1个泵站实现远程控制。结合自动与人工研判方式制定部署方案，实现内涝风险精准预警。平台囊括207公里雨水管网、4处下穿立交、203处地下空间、32处历史涝点、24万件救援物资等信息，为城市内涝精细化管理及实时精准化调度提供数据资源。根据险情积水情况、积水处置响应效率和过程记录等对汛情中出现的积水情况进行复盘。可视化管理、人工智能诊断等手段可较好地满足排水管网不同场景、不同层级、不同维度的全面监测需求，实现对排水管网异常、隐患、风险进行及时的排查、预警、诊断、处理。该在线场景建设应用入选全省住房和城乡建设系统数字化应用场景第一批试点，并于2021年底纳入《全省重大应用三张清单"一本账S1"目录》。

第六节　互联共享提升排水与污水处理行业智慧化水平

"八八战略"实施二十年来，浙江省以数字化改革为引领，把水生态治理和环境保护作为数字赋能的主战场。浙江省利用云计算、物联网、大数据、卫星导航、组态仿真、二三维 GIS、5G、水质自动监测站、人工智能等技术，实现浙里城市生命线及地下空间综合治理，保障城镇排水与污水管网排查和运维工作，推进治水的系统性和前瞻性。全省各地积极探索构建适合地区实际的智慧治污体系，形成大数据平台、应用场景和推广模式，为提升城镇排水与污水处理行业监管效能提供重要支撑。

一、数字化引领高标准推进浙里城市生命线及地下空间综合治理

浙江省发展改革委、浙江省住房和城乡建设厅联合印发《浙江省住房和城乡建设"十四五"规划》，将"现代城市与城市基础设施建设示范先行"和"城市智慧化管理与行业数字治理示范先行"作为"十四五"时期两项发展目标；要求构建系统完备、高效实用、智能绿色、安全可靠的新型城市基础设施体系，供排水、燃气市政管网智能化监测管理率重点城市 30％以上、一般城市 15％以上；围绕城市治理体系和治理能力现代化，加快推进城市数字化管理平台和"城市大脑"融合，实现城市管理从数字化到数智化再到数治化的转变，争创城市智慧治理与改革示范先行省。

浙江省坚持以数字化改革为引领，加快推进浙里城市生命线及地下空间综合治理数字化应用建设。根据《浙江省加强城市地下市政基础设施建设实施方案》要求，浙江省住房和城乡建设厅于 2022 年印发关于组织编制《浙江省城市地下市政基础设施隐患排查技术导则》的通知，要求在科学制定隐患排查实施方案的基础上，组织开展城市地下市政基础设施隐患排查，因地制宜结合城市更新、老旧小区改造、海绵城市建设、城市道路改（扩、建）等工作，推进地下市政基础设施更新改造和智能化改造。同时，要求各地城市地下市政基础设施建设牵头部门建立隐患排查数据库，绘制"设施隐患一张图"，为形成"全省地下市政设施隐患一张图"和地下市政设施安全运行管控提供数据支撑。同年 9 月，浙江省住房和城乡建设厅出台《浙江省城市基础设施安全运行监测试点省建设方案》，立足平战结合，以智能化和大数据为牵引，从建设城市市政基础设施监测"一张网"、推进应用场景推广部署、实施智能化市政基础设施建设和改

造、推动标准化体系建设、健全常态化运营机制五个方面切入，实现城市基础设施"运行安全可视化、业务管理协同化、监测预警智能化、风险防控体系化"，提高城市安全韧性水平。为指导全省各地开展城市信息模型（CIM）基础平台建设，在分析 CIM 基础平台构成、功能、数据、运维等技术要求的基础上，浙江省住房和城乡建设厅结合实际，于 2023 年出台《浙江省城市信息模型（CIM）基础平台技术导则（试行）》，规范化推进省级 CIM 基础平台建设与运维以及市级 CIM 基础平台建设、运维、数据质检等工作。

按照"全省普适、实战实效"原则，浙江省在前期试点的基础上形成了省级推广部署标准版，出台《浙里城市生命线及地下空间综合治理应用区县级城镇污水治理场景建设指南（试行）》和《浙里城市生命线及地下空间综合治理应用区县级城镇污水治理场景在线数据汇交标准（试行）》，明确系统架构、应用体系、数据体系建设、平台环境建设、保障体系建设以及数据内容和格式、汇交数据表结构等内容，对污水治理监管功能、核心指标和数据清单等提出具体要求。

二、智慧化监管高质量推进城镇污水管网排查和运维工作

为更好地满足城镇污水治理需求，高质量推进污水设施建设和管理，全面提升污水处理效能和处理水平，浙江省各地借助智慧化管理手段和数字技术，稳步推进污水管网排查和改造，并将其纳入各级考核内容之中。在实施主体排查全覆盖的基础上，保证管网应查必查，实现排查进度和排查质量两手抓；在排查完成后开展专项督查，现场核查台账资料、排查管网实际长度和质量，发现问题、及时整改；开展督查回头看，对整改后的情况进行再次排查，确保监管闭环。2023 年 8 月，《浙江省城镇污水管网提升改造行动方案（2023—2027年）》出台，明确提出：加快推进污水系统数字化建设的重要性，要求开发建设集实时感知、预警研判、闭环处置、动态更新于一体的场景应用，实现污水系统动态监管、数据共享、综合调度；2025 年底前，实现污水收集处理系统数字化管理及部门间数据共享；到 2027 年底，全面完成问题污水管网设施提升改造

工作，实现污水管网标准化运维、智能化管理、常态化监管和数字化提升；科学运用数字化成果，巩固污水管网提升改造工作成效，形成建管并重的长效管理机制。

浙江城镇生活污水治理标准版系统以污水行业部件库及基础信息为支撑，整合各地原有在线设施数据，实现排水户监管、排水管网及泵站运维管理、污水处理厂运行监管、污泥处理处置监管等核心业务。系统按照浙江省省级标准，以设施主体、一级要素、二级要素的三层体系分类建立污水设施部件库，赋予各地污水设施唯一编码，配合移动端巡检工具，实时展示养护进度，追溯运维班组，精细化日常巡检，监督养护计划落实；通过复用智慧城建等已有系统数据，接入各地已有设施数据，一屏监控污水行业信息，对排水户超标排放污水处理厂超标等风险事件提前预警，通过浙政钉多跨协同，全流程闭环监管，保障城镇排水与污水处理设施安全运行；依托运维动态数据、智能感知终端，利用排水模型技术，可视化标示管网运行状态，结合管道排查资料，为分区养护与改造提供决策依据，将粗放式全面运维转向精准靶向养护。系统投入实现分散管理转向一体化管理，经验调控转向精准调控，事后处置转向事前预警，减少运维成本并降低风险概率。

本部分以杭州市、嘉兴市为例进行分析。其中，杭州市余杭区东湖街道充分发挥大数据及智慧化治理技术，搭建"智慧管网"系统，融合智能井盖、液位仪等监测设备，实现管网运行现状的实时采集和在线查看；借助传感器探测、地理信息系统定位、数据分析等手段，形成"雨污水管网一张图"，对城市内涝、污水溢流等突发情况进行预警研判。该管理系统为地区构建地下管网数字化建管模式，推动城市管网精细化管理提供经验借鉴。为实现"全面完成污水管网改造提升、全面实现智慧化管理、全面形成高标准运营"的目标，嘉兴市政府成立污水管网改造提升工作专班，制定《嘉兴市污水管网改造提升工作实施方案》，全力推进污水管网排查改造工作，并将该项工作纳入市对县的生态考核内容，实行"一票否决制"，按照"月统计、月通报、月排名、月例会"的推进机制，对嘉兴全市五县市、两区和经开区、港区、嘉源集团共 10 个主体的

6156公里的市政污水管网进行分析梳理，受条件限制（污水输送压力管、主干管，运行水位高无法进行短驳），2776公里暂时不能进行排查外，其他3380公里污水管网全部进行地毯式排查；并对管径不小于300毫米的污水管采用CCTV检测[①]进行排查，管径小于300毫米的支管采用潜望镜进行排查。根据污水管网排查结果，梳理编制无问题清单、小改清单和大改清单。

三、信息化赋能高精度助力治水系统性和前瞻性

数字赋能推动污水处理行业高质量发展，成为污水"智治"的有效途径。污水智治关键在于信息数据共享与互联互通。浙江省各地借助物联网、遥感技术、AI识别等技术，融合相关监测数据和业务数据，实现水生态环境、污染过程以及管控现状的实时感知和动态监测。浙江省从全国较早开展污水处理厂出水水质监测、进出水水质监测等浓度在线监测及环保末端管控，到污水治理全流程监管，再到集多维展示、实时监测、分析预判、预警应急、多跨协同、决策支持等一站式全流程动态管控平台，逐步带动并推进行业监管智慧能力稳步提升。

本部分以杭州市、温州市、台州市为例进行分析。其中，杭州市余杭区积极推进"污水零直排"建设，一张图集中展现工业区、生活小区、城镇（街道）等工作，构建"源—网—河"一体化感知网络和水污染预警溯源体系，实现"监测—预警—处置—评估"全过程监管。该区"多维联动智慧治水系统"是杭州市唯一入选全省区县级试点项目。针对水质预警事件触发多维联动溯源，基于水质、水雨情、污染源等各部门多源融合数据，结合数据分析、模型推演、人工智能等智能化分析手段，从水质研判分析、云上巡河、无人船上游溯源等多维度层层递进，最后依托水质指纹、管网拓扑关系等手段打通溯源"最后一公里"。该场景实现以"算法＋数据"提升污染溯源和辅助决策支持能力，协助

---

① CCTV检测是管网非开挖排查检测的常用手段，通过闭路电视录像形式，将摄像设备置入管道内，并将影像数据传输至计算机，在终端电视屏幕上进行直观影像显示和记录存储，用于检测管网健康状况。

管理者掌握干流与支流、环境与排污口、环境与污染源之间的关联性和自关联性，多角度找寻污染问题原因，辅助锁定可疑污染来源。

温州市打造"智慧排水"平台，实现"排水全要素一张网"和"一屏观全网"。通过叠加"排水管线数据库"和"城市地形图"，实现地下排水管线综合普查和成熟数据实时查阅；基于市区污水检查井内安装的管网水位仪等物联感知设备以及超出警戒值的预警信息，实现管网水量实时调度；通过对排水泵站的自动化改造，实现泵站启停状态、泵池液位、水泵电流等运行数据和监控视频实时获取。因此，城市排水系统"一网统管"是排水管网、泵站、污水处理厂等设施基础数据和监测数据的主要载体，为保障信息更新、运行调度和场站监控提供决策支持。

台州市椒江区智慧排水一体化管控平台以物联感知系统、排水模型系统、排水 GIS 系统为基础，通过三维建模和数字孪生，构建"源—厂—站—网—河"统一调度系统平台，主要涉及排水调度控制、排水系统运行指标考核、空间数据管理、日常运行管理、河道防涝管理以及公众水情反馈等功能，有效解决排水底数不清、污水冒溢放江、内涝积水风险等问题。平台前端多部门协同健全感知体系，后端多平台联动实现监管闭环。通过手持终端穿透路面和建筑物查询地下管网的空间分布情况、属性信息和运行数据，实现排水管网智慧便捷巡检和运维；建立排水管网分级、分区监测管理体系、铺设智能感知设备，在分类分级告警基础上，结合辅助决策系统，通过移动应用发出处置指令在线跟踪反馈，形成多跨闭环管理流程；利用在线监测和气象数据，对污水冒溢、排江等风险提前感知和预警；基于不同情景和短历时气象预报下积水特征，启动调度预案、推送交通管制和救援指令等。

第四章 "八八战略"指引下的浙江生活垃圾处理行业发展

普遍推行垃圾分类制度，是习近平总书记亲自部署、亲自推动的民生"关键小事"，也是经济社会发展大事。早在 2003 年，时任浙江省委书记的习近平同志就作出生态省建设和"千村示范、万村整治"的决策部署，推动建立城乡联动的垃圾集中处理网络体系，自此拉开了垃圾分类序幕。2017 年，浙江省明确提出"一年见成效、三年大变样、五年全面决胜"的垃圾治理目标，通过源头减量、回收利用、处置能力提升、标准和制度建设、文明风尚五大专项行动，推进垃圾治理攻坚战。浙江省着力打造法治化、规范化的垃圾治理体系，浙江省住房和城乡建设厅发布全国首部城乡垃圾分类省级工程建设标准《城镇生活垃圾分类标准》DB 33/T 1166—2019，编制 10 余个技术标准规范。为实现总量控制，浙江通过创新垃圾分类方式、构建高标准示范小区和示范片区等举措，推动垃圾源头减量化。结合规划区域收运预测量、处理体系方案，建立与生活垃圾分类、资源化利用及无害化处理等相衔接的转运系统。以数字化改革为引领，通过数字赋能实现生活垃圾智慧监管，推动浙江城市生活垃圾现代化治理水平处于全国领先地位。截至 2022 年，浙江省实现城乡生活垃圾分类全覆盖，资源化利用率、无害化处理率均达到 100%，累计建成省级高标准示范小区 4232 个、示范片区 271 个，全国率先实现生活垃圾"零增长""零填埋"。自住房城乡建设部 2021 年第四季度开展全国垃圾分类考核评估以来，浙江省持续蝉联东部地区第 1 名，走在全国前列。

第一节　体制机制创新引领生活垃圾治理法治化和规范化发展

"八八战略"实施二十年来，浙江省十分重视生活垃圾治理法治化和规范化发展。从顶层设计上构建新型生活垃圾治理制度体系，基于总量控制的"双零"目标，聚焦生活垃圾治理的源头减量和刚性约束，出台一系列的制度和标准。全面优化生活垃圾治理组织架构，明确部门权责配置，推动垃圾分类与处理工作的高质量发展。通过开展多样化的监督考核和不定期联合监管执法等方式，创新生活垃圾监管模式。

一、建立垃圾治理制度体系

浙江省是全国最早全面推行生活垃圾分类的省份，通过制度引领，在源头上对生活垃圾进行精细化分类投放、分类收集、分类运输和分类处置，确保生活垃圾资源化利用最大化，实现生活垃圾的资源化和无害化处理。

（一）坚持规划引领

2020年，浙江省第十三届人民代表大会常务委员会第二十六次会议通过《浙江省生活垃圾管理条例》。该条例从以下几个方面强化生活垃圾治理的顶层设计，即：①体现城乡统筹：统一城乡生活垃圾四分类类别。②体现"零增长"和"零填埋"目标：实行生活垃圾总量控制制度。除应急处理外，不得以填埋方式处理生活垃圾。该条款是全国首创，也为浙江省生活垃圾分类工作走在全国前列提供制度保障。③突出源头减量。立足源头管控，在限制过度包装和部分塑料制品的生产、销售和使用，限制餐饮、住宿一次性用品使用，以及建立生活垃圾收费制度等方面作出具体规定，体现绿色、低碳和环保的理念。④突出刚性约束。对未按规定进行垃圾分类的行为，未分类投放的单位和个人以及混收、混运的收集运输单位，未按照各类规范标准处理生活垃圾的处理单位等进行处罚，制度均严于其他省份。该条例建立了生活垃圾管理工作的综合协调机制，明确了部门职责分工和各方主体责任。

(二)设计制度体系

浙江省全面系统地构建了生活垃圾治理的制度体系,主要体现在相关管理办法/条例与行动方案、行业标准/规范、垃圾处理处置设施建设规划、收费制度、源头减量、再生资源回收再利用、组织领导职责与考核评价以及第三方市场管理等方面。其中,在标准规范方面,浙江省率先颁布全国首部城乡垃圾分类省级标准《城镇生活垃圾分类标准》DB 33/T 1166—2019,统一"可回收物、有害垃圾、易腐垃圾、其他垃圾"四分类类别(表 4-1)以及标志标识和收集容器颜色。编制《新建住宅小区生活垃圾分类设施设置标准》DB 33/T 1222—2020、《一次性消费用品管理规范》DB 33/T 2271—2020 以及《绿色包装通用规范》DB 33/T 2261—2020 等 10 余个技术规范,不断推动生活垃圾分类工作迈入法治化和规范化轨道。

浙江省生活垃圾治理与分类的主要法规情况 表 4-1

法规等级	法规名称与文号
省级	《浙江省餐厨垃圾管理办法》
	《浙江省生活垃圾管理条例》
	《浙江省资源综合利用促进条例》
	《浙江省固体废弃物污染环境防治条例》
市级	《杭州市城市生活垃圾管理办法》
	《宁波市餐厨垃圾管理办法》
	《嘉兴市餐饮业油烟管理办法》
	《绍兴市农村生活垃圾分类管理办法》
	《绍兴市城镇生活垃圾分类管理办法》
	《绍兴市餐厨垃圾管理办法》
	《杭州市生活垃圾管理条例》
	《宁波市生活垃圾分类管理条例》
	《金华市农村生活垃圾分类管理条例》
	《嘉兴市生活垃圾分类管理条例》
	《衢州市餐厨垃圾管理条例》
	《台州市城镇住宅小区生活垃圾分类管理规定》
	《舟山市关于进一步加强地沟油整治和餐厨废弃物管理的通知》

资料来源:作者整理。

浙江省生活垃圾治理与分类的行政规范性文件情况见表 4-2。

浙江省生活垃圾治理与分类的行政规范性文件情况　　表 4-2

涉及领域/行业	行政规范性文件名称	备注
生活垃圾分类治理行动方案	《浙江省城镇生活垃圾分类实施方案》	省级
	《关于扎实推进农村生活垃圾分类处理工作的意见》	
	《浙江省农村生活垃圾分类处理工作"三步走"实施方案》	
	《浙江省省直机关生活垃圾分类工作实施方案的通知》	
	《浙江省生活垃圾分类"五大"专项行动计划》	
	《浙江省市、县（市、区）行政机关生活垃圾分类工作实施方案》	
	《关于全面推进各级各类学校开展生活垃圾分类管理工作的指导意见》	
	《关于高水平推进生活垃圾治理工作的意见》	
	《2022 年度浙江省公共机构生活垃圾分类工作方案》	
	《生活垃圾分类工作评估办法》	
	《关于建立和完善垃圾分类志愿服务工作体系的实施意见》	
	《2023 年度浙江省公共机构生活垃圾分类工作方案》	
	《浙江省生活垃圾焚烧设施协同处置一般工业固体废物名录（第一批）》	
	《省妇联关于开展"垃圾分类巾帼带头"行动的通知》	
生活垃圾收费改革	《浙江省生活垃圾管理条例》	省级
	《关于加快健全生活垃圾处理收费制度的通知》	
生活垃圾处理/处置设施建设	《浙江省城镇生活垃圾无害化处置设施建设"十三五"规划》	省级
	《浙江省生活垃圾处理设施建设两年攻坚行动计划》	
	《浙江省生活源再生资源分拣中心设施建设两年攻坚行动计划（2021—2022 年）》	
	《浙江省生活垃圾填埋场综合治理行动计划》	
	《浙江省生活垃圾中转站改造提升行动计划》	
	《浙江省生活垃圾中转站改造提升技术导则》	
	《浙江省生活垃圾处理设施运行监督管理工作指南》	
生活垃圾源头减量	《国务院办公厅关于治理商品过度包装工作的通知》	部级
	《国务院办公厅关于推进电子商务与快递物流协同发展的意见》	
	《关于推进绿色包装工作的通知》	省级
	《关于限制一次性消费用品的通知》	
	《关于加快推进废旧农膜回收处理工作的意见》	
	《机关事业单位食堂餐饮节约管理规范》	
	《浙江省生活垃圾定时定点分类投放工作指南》	

续表

涉及领域/行业	行政规范性文件名称	备注
再生资源回收再利用	《浙江省关于加快培育生活垃圾再生资源回收利用市场主体的意见》	省级
	《浙江省商务厅关于实施城镇生活垃圾分类回收利用专项行动计划的通知》	
	《浙江省低价值再生资源指导目录》	
	《浙江省全域"无废城市"建设工作方案（2022—2025）》	
	《浙江省城镇生活垃圾回收利用专项行动计划》	
各行业标准/规范	《浙江省生活垃圾焚烧产业环境准入指导意见（试行）》	省级
	《农村生活垃圾分类处理规范》	
	《浙江省城镇生活垃圾分类标准》	
	《餐厨垃圾资源化利用技术规程》	
	《城镇绿化废弃物资源化利用技术规程》	
	《一次性消费用品管理规范》	
	《绿色包装通用规范》	
	《城镇生活垃圾分类工作指南》	
	《浙江省生活垃圾治理专项规划技术导则（试行）》	
	《公共机构绿色食堂建设与管理规范》	
	《浙江省新建住宅小区生活垃圾分类设施设置标准》	
	《城镇生活垃圾分类管理信息系统技术标准》	
	《生活垃圾分类评价规范》	
	《生活垃圾可回收物分拣中心技术规程》	
	《地埋式生活垃圾转运站技术规程》	
	《封场后生活垃圾填埋场评价规范》	
专项行动计划与规划	《浙江省生活垃圾治理全面决胜两年行动计划2021—2022年》	省级
	《浙江省生活垃圾治理2022年工作要点和重点指标分解表》	
	《浙江省生活垃圾分类"五大"专项行动计划》	
	《浙江省深化生活垃圾焚烧发电行业专项整治行动实施计划》	
组织与领导小组	《浙江省生活垃圾分类工作领导小组成员单位主要职责》	省级
考核评价	《浙江省生活垃圾治理考核评价指标及评分标准》	省级
	《浙江省直机关生活垃圾分类工作评价表》	
	《浙江省高标准生活垃圾分类示范小区评价标准（试行）》	
	《2022年度浙江省生活垃圾治理考核评价指标及评分标准》	
其他	《浙江省生活垃圾分类指导目录》	省级

资料来源：作者整理。

二、优化垃圾治理组织架构

浙江省生活垃圾治理涉及住房和城乡建设、农业农村、发展改革、经济和信息化、生态环境、文化旅游、市场监督管理、商务、邮政管理、教育等多个职能部门，浙江省生活垃圾管理相关部门职责分工情况如表4-3所示。其中，浙江省住房和城乡建设主管部门负责全省生活垃圾管理工作的统筹协调和指导，以及城镇生活垃圾管理工作。从各市、县、区生活垃圾管理工作分工情况来看，11个地级市城镇生活垃圾主管部门是住房和城乡建设局或执法局；11个地级市农村生活垃圾主管部门均是农业农村局。101个县（市、区）城镇生活垃圾主管部门基本是住房和城乡建设局或执法局；101个县（市、区）的农村生活垃圾主管部门有65个是农业农村局、23个是执法局、4个是住房和城乡建设局、9个是其他。此外，浙江省十分强调全民参与生活垃圾治理工作，明确各方责任，充分发挥村（居）委会、行业协会、企事业单位、社会组织和志愿者的作用。

浙江省生活垃圾管理相关部门职责分工情况　　　　表4-3

相关部门	职责
省住房和城乡建设主管部门	负责全省生活垃圾管理工作的统筹协调和指导，以及城镇生活垃圾管理工作
省农业农村主管部门	负责全省农村生活垃圾管理工作
发展改革主管部门	负责协调生产者责任延伸制度的落实，完善生活垃圾处理收费机制，会同有关部门制定促进生活垃圾源头减量、资源化利用和无害化处理政策
经济和信息化主管部门	负责推进工业和信息化领域产品绿色包装工作，培育再生资源综合利用龙头企业，指导有关工业企业开展生活垃圾综合利用工作
文化旅游主管部门	负责旅游景区景点和宾馆（酒店）的生活垃圾源头减量、分类投放等监督管理工作
市场监督管理部门	负责农贸市场、农产品批发市场的生活垃圾源头减量、分类投放等监督管理工作，会同有关部门加强对商品过度包装的监督管理
商务主管部门	负责商场、超市、餐饮服务场所的生活垃圾源头减量、分类投放等监督管理工作，建立与生活垃圾可回收利用相协调的回收体系，合理布局再生资源回收网点，推进电子商务领域源头减量工作
邮政管理部门	负责推进邮政、快递包装标准化、减量化和可循环等工作
生态环境主管部门	负责生活垃圾处理污染防治监督管理工作

资料来源：《浙江省生活垃圾管理条例》。

三、创新垃圾治理监管模式

浙江省积极探索生活垃圾监管模式创新,各职能部门根据工作职责开展监管考核,不定期开展联合监管执法。其中,浙江省住房和城乡建设厅监管考核内容主要包括实施总量控制制度、提升城镇生活垃圾分类覆盖面和分类效能监管、新(改、扩)建易腐垃圾处理设施情况监管、垃圾填埋场综合治理监管、建立稳定持续的资金保障机制和投融资创新机制监管、健全垃圾分类处理收费制度和基层自治等。浙江省生活垃圾分类工作领导小组办公室(简称省分类办)主要负责全省生活垃圾治理的发展规划、专项规划、行业标准、政策法规等文件的制定;组织实施全省年度计划、目标考核、督查检查、宣传发动、服务指导等工作;督促指导各地开展垃圾分类投放、收集、运输、处理以及设施建设、数字化监管等相关工作;组织开展市、县两级的考核评估,并统筹省、市、县三级分类办做好全国垃圾分类季度考核评估工作等。

浙江省生活垃圾分类工作领导小组办公室依据《中共浙江省委办公厅 浙江省政府办公厅印发〈关于浙江省城镇生活垃圾分类实施方案〉的通知》(浙委办〔2017〕85号)、《中共浙江省委办公厅 浙江省政府办公厅印发〈关于扎实推进农村生活垃圾分类处理工作的意见〉的通知》(浙委办〔2017〕68号)等文件要求,自2018年起每年印发浙江省生活垃圾分类工作年度任务和考核评分细则等文件,通过各地自查、资料审查、现场考核、综合评价、成员单位审议、第三方社会评价等程序对各地生活垃圾分类工作进行考核评价,并评选出年度优秀单位、良好设区市和县(市、区)。浙江省生活垃圾分类考核评估的特点主要体现在三个方面:首先,对源头减量专项行动、回收利用专项行动和处置能力提升专项行动等垃圾处理全流程进行监管考核;然后,通过制度创新专项行动和文明风尚专项行动,确保生活垃圾分类工作落实到位;最后,通过定期检查和不定期抽查相结合的监督检查模式,强化垃圾分类效果,对优秀做法给予推广宣传。

浙江省农业农村厅主要服务指导农村垃圾治理相关工作,如农村标准化分拣中心建设、农村垃圾转运站和资源化站点建设或提标改造、无害化处理率和资源化利用率提升、创新资金和融资等保障机制监管等；浙江省商务厅、浙江省市场监管局、浙江省文化和旅游厅[①]、浙江省邮政管理局、浙江省文明办等部门主要负责过度包装产生的塑料污染、一次性用品等的源头减量专项治理工作；浙江省商务厅、浙江省住房和城乡建设厅和浙江省农业农村厅等部门主要负责创建回收利用数字体系和推进城乡环卫与再生资源回收网络"两网融合"等相关工作；浙江省生态环境厅主要负责危险废物处置能力的提升情况、危废转运、处置单位的管理台账及其处置情况、"无废城市"建设等监管工作；浙江省文明办、浙江省市场监管局、浙江省委宣传部、浙江省文明办、浙江省总工会、浙江省团委、浙江省妇联等部门主要负责各类垃圾治理的专项检查评估、宣传载体与平台创建、健全志愿服务机制等工作。

第二节 垃圾分类模式创新推动生活垃圾源头减量

浙江省在推进生活垃圾治理过程中，非常重视垃圾源头减量，明确提出应建立涵盖生产、流通、消费等领域的生活垃圾源头减量工作机制，采取措施引导单位和个人使用可循环、易回收、可降解的产品，从源头降低生活垃圾产生量，促进资源节约和循环利用。浙江省在源头减量措施和时限要求等方面均已建立总量控制制度。截至2022年，浙江省已建成回收网点14300多个、分拣中心220多个，培育一批以"虎哥回收""搭把手回收"为代表的骨干企业。创新回收模式，充分运用"互联网＋"等信息化手段，促进垃圾回收线上平台与线下实体相结合，全面推动城乡环卫与再生资源回收网络"两网融合"，提高回收利用率。同时，鼓励预约上门、以旧换新和设置自动回收机等方式回收可再生资源。

---

① 现为：浙江省文化广电和旅游厅。

一、紧抓源头减量，实现人均垃圾处理量由增到减

从 2003—2022 年浙江省生活垃圾清运量的变化趋势情况（图 4-1）来看，浙江省生活垃圾清运量呈现出稳步增长的趋势。其中，2003 年浙江省生活垃圾清运总量为 674.70 万吨，2022 年达到 1553.53 万吨，生活垃圾清运总量年增长率先升后降，2003—2007 年生活垃圾清运量年均增长率为 3.78%，2008—2012 年生活垃圾清运量年均增长率达到 6.92%，2013—2017 年生活垃圾清运量年均增长率为 5.65%，2018—2022 年生活垃圾清运量年均增长率为 1.40%。由此可见，2018 年以来浙江省生活垃圾清运量的增长率明显放缓，生活垃圾源头减量取得显著成效，这与 2017 年浙江省全面实施《浙江省城镇生活垃圾分类实施方案》和落实浙江省城镇生活垃圾总量"零增长"目标密切相关。

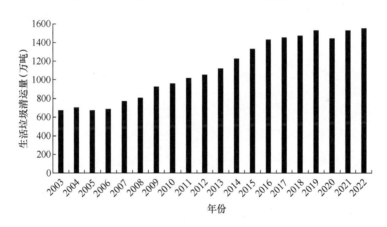

图 4-1　2003—2022 年浙江省生活垃圾清运量的变化趋势情况

资料来源：《中国城市建设统计年鉴》（2004—2023），中国统计出版社。

从 2003—2022 年 7 个省份和全国生活垃圾人均清运量变化趋势情况（图 4-2）来看，整体上全国人均生活垃圾清运量呈现出小幅增长的趋势。其中，2003 年全国人均生活垃圾清运量为 0.44 吨/人，2013 年为 0.46 吨/人，2022 年为 0.52 吨/人。从人均 GDP 超 10 万元的 7 个省份来看，浙江省人均垃圾清运量居于全国前列，2003 年为 0.51 吨/人，2013 年为 0.76 吨/人，2016 年达到 0.91 吨/人的顶峰，随后逐年降低，2022 年下降至 0.71 吨/人，这与浙江省经济社会快速

发展密切相关。其中，最近10年浙江省经济社会各项指标增速明显，电商产业、高科技产业的高速发展改变了人们的生活生产方式，人均垃圾产生量随之增加。但随着浙江省生活垃圾分类回收利用和综合治理工作的全面开展和大力推进，居民不断提升的环境意识推动了人均生活垃圾产生量和清运量的逐渐减少。

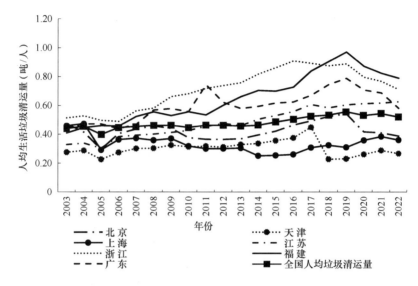

图4-2　2003—2022年7个省份和全国生活垃圾人均清运量的变化趋势情况

资料来源：《中国城市建设统计年鉴》（2004—2023），中国统计出版社。

浙江省主要从绿色包装、一次性消费品和餐厨垃圾三方面推动生活垃圾源头减量和回收利用。自2020年起，浙江全面推进绿色包装、实施限塑，对居民全面推广菜篮子和开展布袋子"净菜进城"试点工作。截至2022年，累计向市民发放环保购物袋10万余只、环保竹篮2万余只、兑换塑料袋7万余只。同时，针对快递包装，浙江省市场监督管理局于2020年颁布了《绿色包装通用规范》DB33/T 2261—2020，加大对可循环、可替代、可降解的快递包装使用力度，快递网点不再使用不符合环保要求的塑料包装袋、一次性塑料编织袋等。自2019年浙江省全面加大对一次性消费品的管控力度，对四星级及以上宾馆（酒店）推广不主动提供一次性消费用品，在党政机关和国有企事业单位食堂推广不主动提供一次性餐具。一次性消费品的严格管控和使用行为的良性引导，有效地削减了酒店住宿业一次性用品的垃圾产生量。此外，在餐厨垃圾方面，浙江省以"餐厅不多点、食堂不多打、厨房不多做"为宗旨，全面推行光盘行动，从源头引导公众厉行节约，减少餐厨垃圾。对于易腐垃圾的减量和处理，浙江省要求农业农村、市场监督管理、商务等部门各司其职，加强对果蔬生产基地、农贸市场、农产品批发市场、商场、超市的管理，推行净菜上市、洁净农副产品进城。有条件的农贸市场、农产品批发市场、商场、超市等可以建设符合规定要求的易腐垃圾处理设施，并建立管理制度和台账，按照技术规范和操作规程就地处理易腐生活垃圾。

二、创新分类模式，推动垃圾源头减量和回收利用

生活垃圾源头减量和分类回收综合利用，是推进浙江省生活垃圾总量"零增长"的重要举措。浙江省是全国最早开展农村生活垃圾分类的省份，垃圾分类回收一直走在全国前列。2003年浙江启动"千村示范、万村整治"工程，以垃圾、污水、厕所三件"关键小事"为切口，推动村庄整治、农村人居环境改善。早在2013年，金华市就作为试点地区，在农村尝试开展"二次四分"就地减量、精细管理为核心的垃圾分类模式探索，并取得较好的效果。此后，相关分类模式向金华城区推广，经过不断地尝试、比较和优化，最终形成"两定四分"的金华模式，并于2018年在金华全域推广。"两定四分"垃圾分类模式简单易懂、方便操作，可根据各地区生活习惯灵活调整定时时间，引导改变居民垃圾投放习惯，提高居民生活垃圾分类准确率，实现资源有效回收利用，改变原来垃圾分类点多、面广、成效差、监管难的问题，改善小区环境卫生，还能与居民面对面宣讲，强化宣传效果。经过撤桶并点，垃圾桶放置总量减少60%以上，垃圾收集点位减少90%以上，具有较好的经济效益。2019年，浙江在全省范围内推广"两定四分"垃圾分类模式，通过宣传教育、协助督导、执法严惩等手段，树标杆促争先，不断加强示范小区、示范片区建设，为各地提供可学、可看、可借鉴的示范样板。

浙江省在定时定点分类投放的基础上，明确小区分类收集点建设标准并科

学进行选址布局，所有收集点按照"四有六标配""两提示三公开"要求进行配置①。从 2017 年开始创建省级高标准生活垃圾分类示范小区和示范片区，截至 2022 年，累计建成高标准生活垃圾分类示范小区 4233 个、示范片区 273 个。2019—2022 年浙江省省级高标准生活垃圾分类示范片区情况、2017—2022 年浙江省省级高标准生活垃圾分类示范小区情况详见表 4-4 和表 4-5。

2019—2022 年浙江省省级高标准生活垃圾分类示范片区情况　　表 4-4

城市	2019 年	2020 年	2021 年	2022 年	城市合计
杭州	8	15	15	12	50
宁波	8	14	11	12	45
温州	5	5	6	12	28
湖州	5	7	6	8	26
嘉兴	5	8	9	8	30
绍兴	5	4	5	5	19
金华	3	5	4	10	22
衢州	4	3	4	1	12
台州	3	5	12	9	29
丽水	2	2	2	1	7
舟山	3	2	0	0	5
年度合计	51	70	74	78	273

资料来源：根据浙江省住房和城乡建设厅网站公布的数据整理。

2017—2022 年浙江省省级高标准生活垃圾分类示范小区情况　　表 4-5

城市	2017 年	2018 年	2019 年	2020 年	2021 年	2022 年	城市合计
杭州	31	29	41	202	170	200	673
宁波	30	28	40	150	240	195	683
温州	16	20	35	80	200	240	591
湖州	20	25	35	105	114	77	376
嘉兴	15	16	36	103	169	120	459
绍兴	20	19	32	60	66	85	282

---

① "四有"即有雨阳篷、瓷砖地面、低墙围挡、固定电源；"六标配"即照明设施、视频探头、语音提示、清水龙头、排污管线、工具存放六个配套设施；"两提示"即温馨提示"分类须知"，温馨告知分类知识；"三公开"即巡检员、执法队员、监督人（或志愿者）的照片、姓名、联系方式全公开。

续表

城市	2017年	2018年	2019年	2020年	2021年	2022年	城市合计
金华	17	18	25	65	75	110	310
衢州	15	15	24	50	58	50	212
台州	16	16	40	80	136	92	380
丽水	10	8	15	20	33	32	118
舟山	15	15	21	25	40	33	149
年份合计	205	209	344	940	1301	1234	4233

资料来源：根据浙江省住房和城乡建设厅网站公布的数据整理。

随着浙江省全面推行"两定四分"生活垃圾分类模式，各县（市、区）的小区（社区）垃圾投放点数量显著减少。如杭州市拱墅区的垃圾投放点从原来的7000余处减少至1800余处，减少率在74%以上。截至2022年，浙江省城镇生活垃圾回收利用取得显著成效，垃圾回收利用率超过60%。具体而言：一是"四分"促进终端资源利用。通过分类投放、分类收集、分类运输和分类处理，运用企业撬动市场，推动利用垃圾变废为宝，实现"全链条闭环运行、无害化处理、资源化利用"。二是健全机制确保常态长效。通过制定技术标准、分类考评考核系列配套制度，探索建立垃圾分类信用体系，建立居民"绿色账户""环保档案""诚信积分"，推广互联网大数据管理评价体系等，推进垃圾分类全天候全过程监督管理，带动全社会形成垃圾分类文明习惯，持续改善人居生活环境。

在垃圾回收利用方面，浙江省为完善回收网络，明确了再生资源回收网点、集中分拣中心、交易市场的布局、规模和标准。制定再生资源低价值指导目录，明确回收种类，推动低价值可回收实现应收尽收。按照就近、便民、高效的原则，健全回收体系，优化回收网络，完善回收站点，加快分拣中心建设。

三、重视宣传教育，助力垃圾分类回收和资源利用

浙江省在生活垃圾分类过程中，注重宣传引导。一是调动社会力量。将生活垃圾分类纳入基层社会治理，建立健全以党组织为核心，部门、街道、社区、

物业、企业、志愿者和居民共同参与的垃圾分类共建共治共享工作机制，开展垃圾分类组织、动员和宣导，推动垃圾分类与基层治理深度融合。二是丰富宣传载体。依托互联网等各类媒介打造垃圾分类宣传矩阵，广泛开展进机关、进社区、进学校等"八进"活动，编制宣传手册及动漫宣传片，打造"政务短视频＋垃圾分类"联盟，开设垃圾分类专栏和相关曝光栏目，举行垃圾分类"达人挑战赛"等活动，浓厚社会氛围，显著提升居民认知度。三是严格执法检查。按照《浙江省垃圾分类管理条例》的有关规定，压实单位和个人的主体责任，加大居民（单位）分类投放质量、定时投放执行等执法检查力度，依法曝光、查处、惩戒垃圾不分类行为。2018—2022年，浙江省在垃圾分类领域累计立案约44万起，罚款约7983万元，依法推进垃圾分类的刚性约束明显增强。

第三节　完善垃圾清运系统助力生活垃圾处理行业提质增效

浙江省着重构建现代化垃圾分类回收处理体系和建立高效回收转运体系，从全面规范垃圾清运车辆入手，严把运输关，杜绝运输中污染物的"抛洒滴漏"和臭气扰民问题。积极推动现存老旧中转设施的提标改造。按照"用地集约化、生产洁净化、原料无害化、能源低碳化"的原则，标准化、高效能和智能化推进再生资源分拣中心建设。

一、多维优化中转清运总体布局

浙江省在不断健全垃圾回收利用体系的同时，结合规划区域收运预测量以及处理体系方案，建立与生活垃圾分类、资源化利用以及无害化处理等相互衔接的转运系统。《浙江省生活垃圾管理条例》明确规定了生活垃圾的收集和运输单位相关工作。即：①使用符合规定的生活垃圾类别标志、标识的密闭化车辆、船舶；②将分类收集的生活垃圾按照规定的频次、时间运输至规定的地点，不得沿途丢弃、遗撒生活垃圾；③不得将分类投放的生活垃圾混合收集、运输；④建立管理台账，记录生活垃圾来源、类别、数量和去向，定期向生活垃圾管理部门报送信息。

为破解城市生活垃圾中转清运难题,浙江省生活垃圾分类工作领导小组办公室制定《浙江省生活垃圾处理设施建设两年攻坚行动计划(2019—2020年)》《浙江省生活垃圾治理全面决胜两年行动计划(2021—2022年)》。根据生活垃圾处理设施的现状和规划,统筹推进生活垃圾收集、中转和运输设施建设,建立与生活垃圾分类、回收利用和无害化处理等相衔接的收集和转运体系,满足易腐垃圾、可回收物、其他垃圾和有害垃圾的收运要求。不断加强城市老旧转运站升级改造和建制镇垃圾转运站建设,升级改造或更换"抛、冒、滴、漏"不合格的运输车辆,推广使用压缩式、封闭式收运方式,防止收运过程的二次污染。

二、系统改造提升垃圾中转设施

中转清运是高质量推进生活垃圾治理的重要环节。为此,浙江省为加强老旧转运站升级改造和建制镇垃圾转运站建设,制定《浙江省生活垃圾中转站改造提升行动计划(2021—2022年)》,计划到2025年底,所有老旧中转设施完成提标改造,渗滤液规范处置,实现标准化、高效能和智能化运作。针对臭气污染问题,《浙江省生活垃圾中转站改造提升技术导则》明确提出生活垃圾中转站臭气控制应符合现行国家标准《恶臭污染物排放标准》GB 14554的有关规定。垃圾卸料、转运和渗滤液处理等臭气产生区域,应设置独立的除臭系统;无条件的小型中转站应采用喷洒除臭。中转站应配套除臭设备,臭气处理达标后方可排放。针对渗滤液问题,明确中转站应设置渗滤液就地处理设施;无条件的小型中转站产生的渗滤液可合规外运处置。渗滤液就地处理设施排放水质应符合现行国家标准《生活垃圾填埋场污染控制标准》GB 16889的有关规定,均匀注入城镇污水处理厂进行处理,总量不得超过污水处理厂处理水量的0.5%。

浙江省在优化垃圾中转站布局的基础上,摒弃传统垃圾中转站建设模式,采用半地埋式、地埋式等新型垃圾中转站建设方式,减少了垃圾中转站对环境的负面效应。同时,增加多功能吊装车、立方移动式压缩站、环保新能源收集车、高压清洗车等环卫机械作业车辆联合作业,推进生活垃圾清运智能化。浙江省"十四五"规划预计完成新建、扩建和改建生活垃圾中转站共计1528座。截至2022年,已完成中转站改造提升791座①(图4-3)。

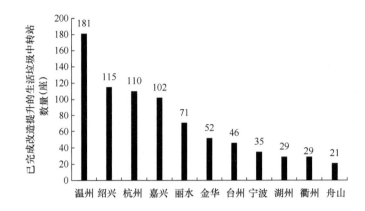

图4-3 截至2022年浙江省已完成改造提升的生活垃圾中转站数量情况

资料来源:浙江省生活垃圾分类工作领导小组办公室。

三、高效解决垃圾清运污染问题

垃圾清运车辆污染物"抛洒滴漏"、臭气扰民和渗滤液处理是垃圾清运过程中面临的三大污染问题。首先,针对垃圾清运车辆污染物"抛洒滴漏"问题,浙江省出台《浙江省生活垃圾治理全面决胜两年行动计划(2021—2022年)》,2021年基本完成"抛洒滴漏"不合格运输车辆的升级改造或更换。截至2022年,浙江省共有垃圾运输车辆9550辆②,实现分类运输车辆车载定位、转运实时监控等全覆盖,有效规避垃圾转运的过程风险。

四、规范建设再生资源分拣中心

为推动生活垃圾治理提质增效,助力无废城市创建,按照"用地集约化、

---

① 杭州110座、宁波35座、温州181座、湖州29座、嘉兴102座、绍兴115座、金华52座、衢州29座、舟山21座、台州46座、丽水71座。

② 根据浙江省生活垃圾分类工作领导小组办公室的数据可知,11个城市的垃圾运输车辆具体如下:杭州1471辆、宁波1885辆、温州830辆、嘉兴1237辆、湖州626辆、绍兴784辆、金华892辆、衢州249辆、台州800辆、舟山237辆、丽水539辆。

生产洁净化、原料无害化、能源低碳化"的原则，浙江省生活垃圾分类工作领导小组办公室、浙江省商务厅等六部门联合印发《浙江省生活源再生资源分拣中心设施建设两年攻坚行动计划（2021—2022年）》，提出加快分拣中心建设，实现生活垃圾资源回收利用运维管理规范化、资源利用高质化。同时，浙江省还编制了再生资源回收品种目录，通过专项行动大力推进可再生资源的回收利用，构建合理的垃圾回收网络，创新可再生资源回收模式，培育新型市场主体，全面促进可再生资源循环利用。截至2022年，浙江省所有县（市、区）均已建成1座及以上标准化分拣中心，新（改）建标准化分拣中心50座，新建或提标改造小型农村标准化分拣中心84座，打造一批外形美观、功能完善、处理高效、绿色环保的应用示范项目。在回收网络建设方面，浙江省提高布局密度，按照1个新建小区设置1个回收点、1000户居民设置1个回收站、乡镇和农村2000户村民设置1个回收站的要求，健全回收网络体系，并支持回收企业采用自建、承租等方式在学校、商场超市、写字楼等人员密集场所设置便民回收点，提高回收便利性，实现城乡回收网络全覆盖。截至2022年，浙江省已建成回收网点14300多个、分拣中心220多个，并培育一批可再生资源回收利用骨干企业。

第四节　多措并举推动生活垃圾处理能力稳步提升

通过大力推进绿色生产生活方式、实施生活垃圾总量控制制度，2020年，浙江省成为全国首个城镇生活垃圾总量零增长、生活垃圾零填埋的省份，90座垃圾填埋场全面进入综合生态修复治理阶段。浙江省在全面推进生活垃圾源头减量的同时，强化生活垃圾资源化回收利用和末端处理，不断提升城镇生活垃圾处理能力。截至2022年，共有焚烧和餐厨垃圾处理设施138座[①]，总设计处理能力98034吨/日，完全满足浙江省生活垃圾处理需要。其中，焚烧垃圾处理能力85510吨/日，餐厨垃圾处理能力12524吨/日。

---

① 焚烧厂77座、餐厨垃圾处置设施61座。

一、首创"零填埋",垃圾填埋场进入生态治理时代

自 2020 年浙江省实现生活垃圾"零填埋"以来,明确提出"除应急处理外,不得以填埋方式处理生活垃圾",并对所有垃圾填埋场实行封场改造和生态化修复。这是全国首创,也是浙江省生活垃圾治理的总体思路。截至 2022 年,在全省 90 座垃圾填埋场中,34 座已完成封场、生态修复以及开挖筛分综合治理[①],41 座已启动封场、生态修复和开挖筛分综合治理[②],15 座已制定"一场一策"治理方案。生活垃圾填埋场的封场和综合治理,在改善填埋场生态环境的同时,为填埋场场地使用提供更加多元的思路,真正实现变废为宝,实现资源优化利用。截至 2022 年浙江省生活垃圾填埋场使用情况见表 4-6。

截至 2022 年浙江省生活垃圾填埋场使用情况　　　　表 4-6

城市	生活垃圾填埋场使用情况							数量
	封场	开挖筛分	库容腾退开挖焚烧	生态修复生态治理	封场生态修复	部分封场部分开挖筛分	方案待定	
杭州	6		1	1				8
宁波		2		8				10
温州		2	2	5			1	10
湖州				5				5
嘉兴			2				3	5
绍兴	6			3				9
金华		4	1	7				12
衢州					6			6
舟山	3							3
台州	2	1		6				9
丽水	1	6		3		3		13
总计	16	15	6	30	6	3	4	90

资料来源:浙江省生活垃圾分类工作领导小组办公室(表中数值包括已完成和正在施工的项目数量)。

---

① 10 座封场、21 座生态修复、3 座开挖筛分。
② 7 座封场、19 座生态修复、15 座开挖筛分。

二、重质减量，提高生活垃圾无害化处理能力

垃圾无害化处理能力和处理设施数量是衡量生活垃圾处理能力的重要指标。由 2003—2022 年浙江省无害化处理设施数量变化趋势情况（图 4-4）可知，2003—2008 年浙江省生活垃圾无害化处理设施数量略有降低，2009—2022 年逐年增长。其中，2003 年浙江省生活垃圾无害化处理设施数量为 52 座，2022 年增至 81 座。

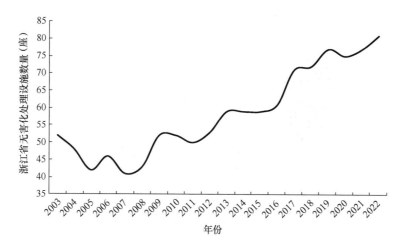

图 4-4 2003—2022 年浙江省无害化处理设施数量变化趋势情况

资料来源：《中国城市建设统计年鉴》（2004—2023），中国统计出版社。

进一步地，从 2003—2022 年浙江省生活垃圾无害化处理设施构成情况（图 4-5）来看，2003 年，浙江省生活垃圾无害化处理设施总计 52 座，其中 42 座为垃圾填埋场，占比 80.77%；焚烧处理设施 10 座，占比仅为 19.23%。2010 年，浙江省生活垃圾无害化处理设施为 52 座，但焚烧处理设施数量达到了 22 座，占比 42.31%；垃圾填埋场共计 30 座，占比降至 57.69%。2016 年，垃圾填埋场数量降至 25 座，占比 40.98%，而焚烧处理设施数量增至 35 座，占比增至 57.38%，其他垃圾处理设施占比 1.64%。随着生活垃圾"零增长""零填埋"政策的实施，2020 年浙江省垃圾填埋场均已推行封场生态化修复，仅部分垃圾填埋场预留特殊情况下的应急处理功能。截至 2022 年，浙江省生活垃圾无害化

处理设施共计135座，焚烧处理设施共计74座，占比54.81%，而其他垃圾处理设施共计61座，占比45.19%。由此可见，浙江省基本形成以焚烧处理为主，其他生态化处理（餐厨垃圾）为辅的生活垃圾处理格局。

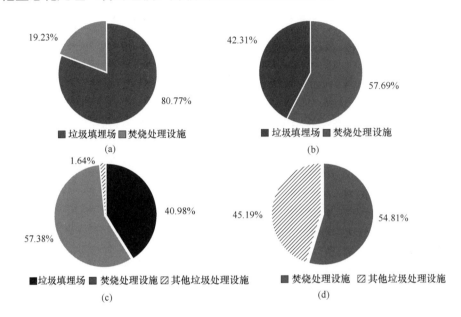

图4-5 2003—2022年浙江省生活垃圾无害化处理设施构成情况①

资料来源：《中国城市建设统计年鉴》（2004—2023），中国统计出版社。

(a) 2003年；(b) 2010年；(c) 2016年；(d) 2022年

从2003—2022年浙江省生活垃圾无害化处理能力变化趋势情况（图4-6）来看，除2007年略有回落外，其他年份逐年增加，年均增速达到8.54%。其中，2003年仅为18337万吨，2022年增至82166万吨。2017年浙江省生活垃圾无害化处理能力增长最快，同比增长28.61%，这与浙江省大力推动生活垃圾焚烧厂以及餐厨垃圾生态化处理设施建设高度相关。

从2003年和2022年不同省（区、市）生活垃圾无害化处理能力与无害化处理厂数量情况（图4-7、图4-8）来看，浙江省生活垃圾无害化处理能力和无害

---

① 2003年和2010年《中国城市建设统计年鉴》按照卫生填埋、焚烧和堆肥对无害化处理设施进行分类，浙江省这两年的堆肥设施数量为零。2016年和2021年《中国城市建设统计年鉴》按照卫生填埋、焚烧和其他对所有无害化处理设施进行分类。2022年数据来源于浙江省住房和城乡建设厅。

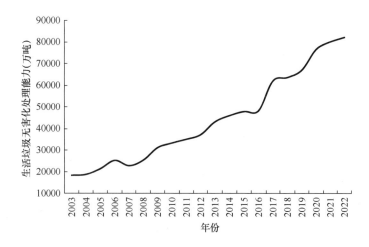

图 4-6 2003—2022 年浙江省生活垃圾无害化处理能力变化趋势

资料来源:《中国城市建设统计年鉴》(2004—2023),中国统计出版社。

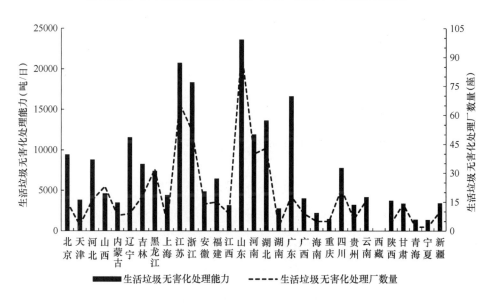

图 4-7 2003 年不同省(区、市)生活垃圾无害化处理能力与无害化处理厂数量情况

资料来源:《中国城市建设统计年鉴 2004》,中国统计出版社。

化处理厂数量均位居全国前列。其中,2003 年浙江省生活垃圾无害化处理厂数量为 52 座,排名全国第三位,仅低于山东省和江苏省。2003 年浙江省生活垃圾无害化处理能力为 18337 吨/日,排在山东省和江苏省之后,位列全国第三位。与之相比,2022 年浙江省生活垃圾无害化处理厂为 135 座,依然位列全国第三

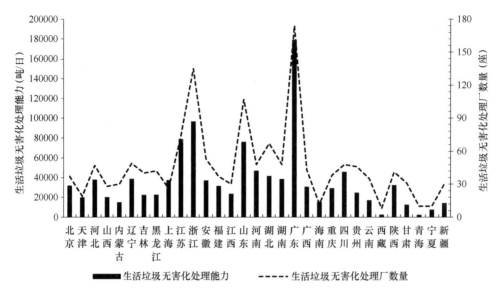

图 4-8　2022 年不同省（区、市）生活垃圾无害化处理能力与无害化处理厂数量情况

资料来源：《中国城市建设统计年鉴 2023》，中国统计出版社。

位，仅低于山东省和广东省。2022 年浙江省生活垃圾无害化处理能力达到 96299 吨/日，排在广东省之后，位列全国第二位。

三、变废为宝，高效推进生活垃圾焚烧发电

生活垃圾焚烧发电对垃圾减量化、资源化和无害化具有重要作用。"八八战略"实施二十年来，从 2003—2022 年浙江省生活垃圾焚烧处理能力变化情况（图 4-9）来看，2022 年浙江省生活垃圾焚烧处理能力达到 83775 吨/日，较 2003 年的 3957 吨/日增长了约 20.2 倍，年均增速 18.55％[①]。从 2003—2022 年浙江省生活垃圾焚烧处理厂数量变化情况（图 4-10）来看，浙江省生活垃圾焚烧处理厂从 2003 年的 10 座增至 2022 年的 74 座，呈现出稳定增长的趋势。随着 2020 年浙江省生活垃圾全面"零填埋"后，开始进一步不断优化焚烧厂的选址布局和设计规模。

---

① 2003—2021 年数据来源于《中国城市建设统计年鉴》（2004—2022），中国统计出版社。2022 年数据来源于浙江省住房和城乡建设厅。

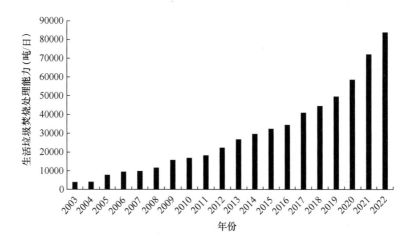

图 4-9 2003—2022 年浙江省生活垃圾焚烧处理能力变化情况

资料来源:《中国城市建设统计年鉴》(2004—2023),中国统计出版社。

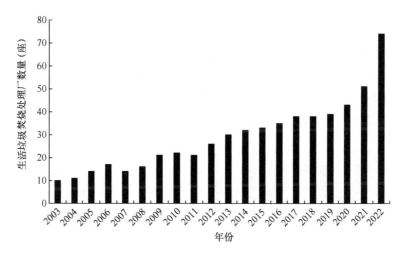

图 4-10 2003—2022 年浙江省生活垃圾焚烧处理厂数量变化情况

资料来源:《中国城市建设统计年鉴》(2004—2023),中国统计出版社。

从 2003 年全国不同省(区、市)生活垃圾焚烧处理能力与焚烧处理厂数量情况(图 4-11)来看,全国仅有生活垃圾焚烧处理厂 47 座。其中,浙江最多,共有 10 座生活垃圾焚烧厂,广东和四川分别有 7 座和 6 座,位列第二位和第三位。2003 年,浙江省生活垃圾焚烧处理能力为 3957 吨/日,在全国排名第一位,广东位列第二位,生活垃圾焚烧处理能力为 3300 吨/日;上海生活垃圾焚烧处理能力为2000吨/日，位列全国第三位。从2022年全国不同省（区、市）生活焚烧处理能力与生活焚烧处理厂数量情况（图4-12）来看，2022年全国共有生活垃圾焚烧厂648座。其中，浙江和广东并列全国第一位，有生活垃圾焚烧处理厂74座；山东排名第三位，有生活垃圾焚烧处理厂61座。从生活垃圾焚烧处理能力来看，2022年浙江省达到83775吨/日，仅低于广东省的127935吨/日，位列全国第二位。由此可见，无论是从生活垃圾焚烧处理能力还是焚烧厂数量来看，浙江省均位于全国前列。从生活垃圾焚烧无害化处理量占总处理量比重来看，浙江省以88.48％排名全国第一位。综上所述，浙江省在推行垃圾分类以来，不仅提高了垃圾无害化处理能力，也增加了垃圾焚烧处理比重，持续推进垃圾处理行业高质量发展。

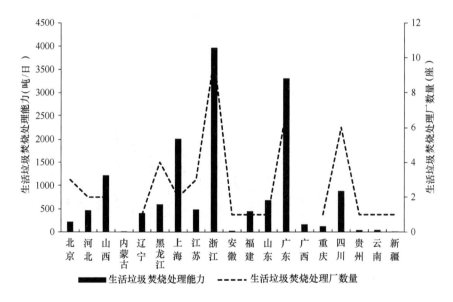

图4-11　2003年全国不同省（区、市）生活垃圾焚烧处理能力与焚烧处理厂数量情况

资料来源：《中国城市建设统计年鉴2004》，中国统计出版社。

四、科技创新，引领餐厨垃圾资源化综合利用

2015年，浙江省出台了《浙江省餐厨垃圾资源化综合利用行动计划》，要求各设区市政府根据区域内餐厨垃圾产生量及其分布等因素，统筹安排、科学布

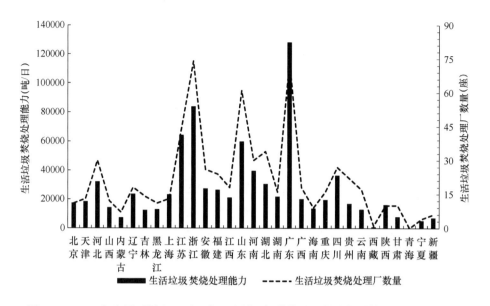

图 4-12 2022 年全国不同省（区、市）生活垃圾焚烧处理能力与焚烧处理厂数量情况

资料来源：《中国城市建设统计年鉴 2023》，中国统计出版社。

局区域内处理设施，推进餐厨垃圾资源化综合利用能力全覆盖。浙江省餐厨垃圾处理主要采用的是厌氧产沼技术，占比约为 76％，预处理＋提油工程占比约为 10％，好氧生物处理和昆虫生物转化处理各占 7％。其中，预处理＋提油工艺首先将易腐垃圾进行破碎、连续蒸煮、三相分离等工序，得到油脂、残渣和废水。粗油脂直接外售综合利用，残渣可采用焚烧技术处理，废水送入渗滤液处理站进行集中处理达标排放。昆虫生物转化工艺充分利用昆虫生物能转化原理，使易腐垃圾成为昆虫食料，再将昆虫加工成昆虫蛋白粉、昆虫油脂等，将其作为养殖动物的饲料营养，使其重新进入生态链循环，实现易腐垃圾稳定化、无害化、减量化和资源化处理的目标。比较有特色的是绍兴市新昌县餐厨垃圾处置中心依靠黑水虻[①]在 2020 年实现了餐厨垃圾 100％的无害化处理，每年产生经济效益约 700 万元。

---

① 黑水虻生物学特性表现最优，具有取食新鲜餐厨垃圾、食谱宽、取食量大、发育周期适中、容易饲养、生物安全性高、抗逆性强、对油盐不敏感等特点。

第五节　互联共享提升生活垃圾处理行业智慧化水平

浙江省围绕治理体系和治理能力现代化，构建了省级垃圾信息监管平台系统为中心的多级垃圾数字化治理平台体系，统筹运用数字化技术、数字化思维和数字化认知，把数字化、一体化和现代化贯穿到城市生活垃圾的"投放、收集、运输、处置"四个环节，跨部门、跨领域联动推进生活垃圾治理。

一、以顶层设计为引领，构建浙江垃圾分类信息监管平台

浙江省加快推进城市数字化管理平台与"城市大脑"有机融合，推动城市管理从数字化到智能化再到智慧化转变。建立健全省、市、县三级垃圾分类信息监管平台，加强分类投放、收集、运输和处置等环节的数字化监管。其中，2022年6月，浙江省生活垃圾分类监管平台正式建成并投入使用，基本实现对各地垃圾分类数据的收集汇总、分析研判，以及对车辆和处理设施运行监管等功能。该平台紧扣生活垃圾"投放、收集、运输、处置"四个环节，构建分类投放、分类转运、分类处理、回收利用、源头减量、运行监管六个功能模块，以及光盘行动、能力平衡调度、焚烧厂运行监管等应用场景。与此同时，平台归集了4.14万个各地投放点（其中，智能投放点1.72万个）、1528个中转站、1.1万辆车辆以及137座末端处置厂的数据。横向联通浙江省生态环境厅、浙江省司法厅的业务平台，并实现与全省七成以上垃圾焚烧处理厂生态环境监测数据和垃圾分类执法案件数据的数据共享。

二、以浙江省生活垃圾分类监管平台为基础，推进市级平台建设

浙江省各地市以浙江省生活垃圾分类监管平台为基础，借助物联网、遥感技术、AI识别等技术，融合相关监测数据和业务数据，实现生活垃圾分类回收、清运、处置及管控现状的实时感知和动态监测。其中，在投放端，依靠智能化手段通过"二维码"智能感应、抓拍等方式实施追踪溯源；在收运端，安装实

时监控、智能称重、车载定位等设备强化过程监管；在处理端，建立进场在线计量、烟气在线监测等系统实施动态监测，实现全流程、全链条闭环管理。

本部分以杭州市、宁波市和绍兴市为例进行分析。2020年杭州市建成"杭州市垃圾分类数智治理平台"，实现生活垃圾分类"全链条、全流程、全方位"的管理布局，真正实现"数字赋能"生活垃圾治理。平台可对生活垃圾源头投放、分类收集、中端运输和末端处置进行全链条监管；归集可回收物、易腐垃圾、其他垃圾、有害垃圾的全流程数据；显示各垃圾集置点的具体位置，实时跟进"源头、中端和末端"三大环节，进一步实现市县区数据互联。杭州市各区、街道纷纷推出"智慧小脑"，进一步织密垃圾分类数字监管网络，实现市、区、街道三级递进深入，用数字手段延伸垃圾分类管理。平台开发了垃圾分类综合评价模块，将各小区纳入检查对象，通过随机产生检查任务，实现日常检查对象数据在线管理，分类设施、分类质量、分类辅导、分类清运等情况实时记录，提高垃圾分类检查工作的效率。此外，为提升市民参与垃圾分类的积极性，杭州市城市管理局指挥中心还通过浙里办、支付宝等渠道发布"垃圾分类"应用，方便市民查询、咨询和预约回收。

宁波市建立可回收物全过程数据监管系统，通过整合源头回收网点、终端分拣中心业务系统，抓取关键监管数据，根据不同回收品类展现各区（县、市）垃圾回收总量及其变化趋势。通过智能物联网设备、AI摄像头实现对源头回收行为、清运车辆、分拣中心作业情况实时监管，做到"有账可查、源头可溯、去向可控"。截至2022年，该应用场景已接入3200余个可回收物智能回收箱点位，8个分拣中心日常作业数据，并与宁波市再生资源回收管理信息系统完成数据对接，实现60个回收重点企业和各地每月可回收物之间的数据共享。

绍兴市以工业物联网、4G/5G、大数据、云计算和专业软件等信息技术为基础，基于生活垃圾焚烧厂海量数据信息构建"生活垃圾焚烧厂运行监管平台"①，该平台将传统纯人工监管模式创新为动态化、可视化和智能化的新型监管模式。通过智能在线监管手段，实现全天候数据在线，确保及时宏观管控垃圾处理终端设施安全稳定运行。通过智能化监管，有效发挥体制优势、技术优势和管理优势，促使生活垃圾处置政府补贴价降为 18 元/吨②。2021 年绍兴市循环生态产业园创造利润 1.046 亿元，无害化处置生活垃圾 82.5 万吨、餐厨垃圾 9.55 万吨，节约标煤使用 11.8 万吨，减少二氧化碳排放 29.28 万吨。

---

① 包含计量监管、生产运行监管、环境监管、环保耗材监管、安全监管、视频监管、预警预控、现场巡查、监管报告、考核评估等功能。
② 远低于行业平均价格（约 100 元/吨）。

第五章 "八八战略"指引下的浙江燃气行业发展

燃气是经济社会发展的重要物质基础,也是推进减污降碳的主战场。浙江省是天然气资源小省,也是国内天然气的终端市场和消费大省,形成以天然气为主、液化气为辅的供应格局,管输天然气基本形成"八气源、网络化、县县通"的供气网络。"八八战略"实施二十年来,浙江省始终围绕城市燃气的民生属性、安全属性和能源属性三大特征,紧跟能源结构转型时代步伐,围绕"气源多元化、经营市场化、服务智能化"持续创新,构建了"管道气+LNG(液化天然气)"的双气源结构,形成"西一线、西二线、川气、东海气、中海油宁波LNG接收站、嘉兴LNG应急调峰储运站"等多气源格局。核心是聚焦"改革"和"高质量发展"两条主线,即以"公共服务均等化"推进高质量的产品和服务,以"规模化"推进市场主体高质量的发展,以"数字化"推进高质量的管理方式,以规划、建设、管理"一体化"推进高质量的企业转型,以气源"多元化"推进高质量的市场体制,以建立完善燃气市场规范进入和退出机制推进高质量的法制建设。基于此,浙江省城镇燃气行业形成"经营规模化、管理规范化、发展专业化、服务标准化、治理法治化"的供应体系,在天然气产供储销体系建设、燃气规模化一体化改革、用气报装营商环境优化、城乡居民天然气覆盖率等方面走在全国前列。

第一节 体制改革明确城市燃气行业发展方向

"八八战略"实施二十年来,浙江省在国务院和国家部委有关政策的指导下，出台了一系列以行业发展、保供安全为目的的政策，早在 1997 年浙江省就发布了《浙江省液化石油气管理办法》，2006 年 11 月 30 日通过了《浙江省燃气管理条例》①，成为国内较早出台燃气管理条例的省份，早于国家出台的《城镇燃气管理条例》。该条例明确了"统一规划、安全第一、保障供应、有序竞争、规范服务、严格管理"的燃气事业发展原则，从规划建设、经营管理、安全管理、用气管理和法律责任等方面对燃气管理提出明确要求，提出管道燃气实行特许经营制度、瓶装燃气经营实行许可制度，这为浙江省行政区域内的燃气发展规划编制、燃气工程建设、燃气经营和使用、燃气设施保护、燃气燃烧器具的安装维修和使用、燃气安全事故预防和处理以及有关管理活动提供根本遵循。2019 年浙江省政府办公厅印发《浙江省天然气体制改革方案》，明确天然气体制改革要以市场化改革为取向，以建立具有竞争力的价格体系为目标，形成网络化、县县通，多气源、少层级，管中间、放两头的天然气管理新体制。2020 年以来，为健全民生用气保障，夯实城镇燃气供应保障基础，提升燃气行业发展水平，浙江省住房和城乡建设厅不断深化全省城镇燃气改革，印发《浙江省深化城镇燃气改革三年行动方案（2023—2025）》。

一、持续推进城市燃气运营规模化改革

（一）持续推进管道燃气规模化改革

形成一批规模大、实力强、有担当的城镇燃气企业，全面提升城镇燃气供气保障、应急处置、抵御风险和核心竞争能力，取消一批不合规的燃气企业，规范城镇燃气市场经营，是城镇燃气行业高质量发展的重要方向。为此，浙江省加快推进城镇燃气基础设施建设和管网互联互通，开启城镇管道燃气扁平化规模化改革新篇章。根据《浙江省深化城镇燃气改革三年行动方案（2023—

---

① 该条例于 2006 年 11 月 30 日浙江省第十届人民代表大会常务委员会第二十八次会议通过，并于 2007 年 1 月 1 日实施，根据 2014 年 5 月 28 日浙江省第十二届人民代表大会常务委员会第十次会议《关于修改〈浙江省燃气管理条例〉的决定》第一次修正，根据 2020 年 9 月 24 日浙江省第十三届人民代表大会常务委员会第二十四次会议《关于修改〈浙江省房屋使用安全管理条例〉等七件地方性法规的决定》第二次修正。

2025)》要求,浙江省行政区划范围内的县(市、区)强化统筹协调,按照责任分工,彻底消除除保供目的外的跨县(市、区)转输、纯转输企业转输、城镇燃气企业转输等各类供气转输,以培育大型地区性、集团化燃气企业为目标,采取企业并购、协议转让、联合重组、控股参股、委托经营等多种形式,大力推进城镇燃气企业扁平化、规模化改革。自2019年以来,浙江省密集出台相关政策推进天然气市场化改革,已初步形成"网格化、县县通,多气源、少层级,管中间、放两头"的天然气体制。为保证规模化改革的合法性,浙江省要求燃气并购项目,相关交易方应重视经营者集中申报,在并购交易前主动开展经营者集中申报评估,防范反垄断合规风险。其中,杭州市的管道燃气规模化改革极具代表性,主要呈现四方面特征:首先,注重目标与规划的指向作用。强化规划保障,按照全市"一盘棋、一张网、一体化"的改革要求,对燃气专项规划进行修编,对全市供气格局进行调整,引导规模化改革。其次,因地制宜创新整合模式。其中,对于地区内燃气企业存在明显强弱差异的采用并购模式,而对于企业各有优势的则采用合作重组模式。再次,多方合力推动参与主体整合。政府充分利用特许经营评估、燃气经营许可和日常监管等政策工具,发挥改革过程中政府的指路人作用,强调国有企业的主角和主力作用。最后,加强改革指导,确保合法合规。组成改革指导小组,对各区(县、市)改革全过程进行指导,确保各项改革工作合法合规。

截至2022年,在浙江省有规模化改革任务的18个县(市、区)中,有13个已完成整合,4个已签订整合框架协议。其中杭州、瑞安、岱山和临海的规模化改革工作以及金华、丽水与海宁的扁平化改革工作均走在全省前列。浙江省通过规模化(扁平化)改革减少管道燃气企业22家,已签订框架协议企业10家。以杭州为例,2022年杭州市临安区、建德市、淳安县圆满完成天然气改革任务,全市管道燃气企业从16家整合成11家[1],形成"一环网、四支线"的

---

[1] 在改革中,针对各地实际,因地制宜,制订不同的改革模式,淳安县两家企业,一强一弱,采用并购模式;建德市两家企业,各有优势,采用合作重组模式;临安区五家企业,管理水平参差不齐,其中管理能力较强的三家企业,整合成一家,对另外两家较小的企业进行收购。

"主城成环、支线成网"的高压供气网,杭州市也成为浙江省首个基本实现"一张网"的城市。杭州市还开创"一城一网一企"的临安样本,创新"绿色能源站+微管网"的燃气下乡新模式,不断提升城市燃气"一体化、均等化"水平。通过规模化整合有效降低企业运营成本,提升运营效率、管理水平、保障能力和服务意识,实现管理上水平、市民得实惠。截至2022年浙江省管道燃气规模化改革推进情况详见表5-1。

截至2022年浙江省管道燃气规模化改革推进情况　　　　　　表5-1

地区	县(市、区)	进展情况	备注
杭州市	临安区	完成企业整合	5家整合成1家
	建德市	完成企业整合	2家整合成1家
	淳安县	完成企业整合	2家整合成1家
宁波市	宁波市区	完成企业整合	2家整合成1家
	象山县	已签订整合框架协议	2家整合成1家
温州市	温州市区(除洞头区)	完成企业整合	2家整合成1家
	乐清市	已签订整合框架协议	3家整合成1家
	瑞安市	完成企业整合	6家整合成1家
	文成县	完成企业整合	2家整合成1家
湖州市	德清县	完成企业整合	3家整合成2家
嘉兴市	海盐县	方案完成	3家整合成2家
	海宁市	完成企业整合	2家整合成2家
	嘉善县	完成企业整合	3家整合成2家
绍兴市	新昌县	已签订整合框架协议	3家整合成2家
衢州市	江山市	完成企业整合	2家整合成1家
台州市	台州市区	完成企业整合	3家整合成1家
	临海市	已签订整合框架协议	3家整合成1家
舟山市	岱山县	完成企业整合	2家整合成1家

资料来源:浙江省住房和城乡建设厅官方网站。

(二)持续引导瓶装液化石油气规模化经营改革

浙江省以"构建规模化经营、规范化管理、专业化发展、标准化服务的市场格局"为基本要求,2022年7月,浙江省住房和城乡建设厅、浙江省市场监督管理局出台《瓶装液化石油气企业规模化经营改革实施指南(试行)》,明确瓶装液化石油气企业综合经营指标。各市县（区）坚持安全至上、合法合规、企业自愿、公正公平的原则，鼓励企业通过参股控股、兼并重组、收购等方式，引导经营规范、安全管理能力强的企业做大做强，促进行业规模化、专业化和规范化经营。其中，"六改促六转"的宁波模式极具代表性。具体而言：一是改经营模式推进瓶装气企业从低小散向规模化转变。宁波中心城区（除奉化）联合经营、集中配送，宁海县主城区1家企业、其余7家联合经营的"7+1"模式，奉化区、慈溪市在本行政区域内原有企业联合成立一家企业，象山县分3个片区集中配送。二是改销售渠道推进用户购气从传统模式向多渠道拓展转变。搭建瓶装液化气服务线上平台，统一服务热线电话，实行"淘宝式"线上购气、"外卖式"送气上门。三是改配送服务推进配送队伍从游击队向正规军转变。中心城区、象山、宁海等地建立统一行为准则、统一发证管理、违规违法"黑名单"和配送资格进退机制，由一家专业配送企业开展瓶装液化气配送服务。四是改环节流程推进安全管控从模糊型向精确型转变。构建瓶装液化气气瓶信息化系统，通过"一瓶一码"实现气瓶从充装到报废全生命周期信息化管理、气瓶实名制全覆盖。五是改站容站貌推进储配站场从脏旧乱向标准化转变。2021年，宁波市率先在全省开展储配站标准化提升改造，编制储配站的站容标准，成为全国首个市域范围统一场站标准的城市。六是改执法方式推进燃气执法从常规执法向行刑衔接转变。保持执法高压态势，严厉打击实名制未落实、非法存储、违法经营等违法行为。

二、持续推动燃气安全管理规范化改革

浙江省为持续推进燃气使用安全管理规范化，实施了三方面改革。一是压实企业主体责任。严格落实企业销售实名制制度，涉及违法违规行为的，从严追究相关企业主体责任；持续强化行刑衔接，加大违法违规打击力度。二是明确供气服务责任。健全用户服务机制，规范配送人员行为管理，明确经营企业统一账户；鼓励燃气企业积极推广户内可燃气体报警装置、自动安全切断装置和具备远程切断功能的信息化燃气表，持续提高服务水平。三是有效落实入户

安检。燃气企业按规定对用户的燃气设施、燃气燃烧器具等进行定期检查，发现使用国家明令禁止的或不符合要求的技术、产品、使用条件等，立即指导燃气用户进行整改，对存在不配合整改、无法整改或整改不到位等情形，不予供气。此外，不断强化燃气主管部门对燃气企业入户安检和安全风险情形停供制度落实情况的监督检查。

三、持续升级城镇燃气监管数字化改革

推动城镇燃气数字化改革是提升政府监管数字化、智能化运行水平，推动城镇燃气企业数字化转型的必然选择。早在2003年，习近平同志就作出了建设"数字浙江"的决策部署，"八八战略"实施二十年来，浙江省城镇燃气行业持续推动数字化建设。由单纯的数据上报与简单分析，到持续推进一站式数字平台实现多维数据汇交搭建，实现管网系统数字孪生功能，推动燃气管网地理信息系统数据向一屏可看以及数据核验、统计、分析、预警、决策等功能的转化。其中，2022年浙江省住房和城乡建设厅在全国首次发布《智慧燃气建设技术标准》DBJ33/T 1280—2022，该标准于2022年12月1日施行。该标准对基础设施的感知设施、信息传输、数据管理、信息安全等进行规定，从地理信息系统、监控和数据采集系统、安全防范系统、客户服务系统、管网仿真系统、工程可视化系统、瓶装燃气管理系统等对系统建设进行规定，从场站管理、远程值守管理、巡检管理、完整性管理、应急管理、用户管理、智慧调度等方面对智慧应用进行相应规定，从燃气经营企业、系统管理员、数据管理等方面对运行维护进行相应规定，从而为浙江省智慧燃气建设提供重要支撑。

第二节　特许经营推动城市燃气供给能力提升

浙江省城镇燃气管理始终坚持"五化"原则：一是引导规模化改革，降低企业的运行成本，增强企业抗风险、担责任的能力；二是强调规范化运行，企业规范化、人员规范化、流程规范化，高标准要求燃气生产配送的各个环节；

三是坚持法制化原则，燃气生产安全管理要做到有法可依、有法必依；四是注重协同化管理，要注重和市场监管、商务、公安、消防等部门的协同配合，多方面保障城镇燃气行业的安全运行；五是运用数字化工具，让科技成为城镇燃气管理行业的重要臂助，提高管理的精确度和反应力。"八八战略"实施二十年来，浙江省以改革为主线，强化政府监管，创新建立管道燃气企业特许经营评估制度，市场化推进燃气企业特许经营评估，助推管道燃气企业高质量发展和企业服务高质量提升。

一、规范推进城市燃气企业特许经营

"八八战略"实施二十年来，浙江省根据《关于加快市政公用行业市场化进程的意见》（建城〔2002〕272号）、《市政公用事业特许经营管理办法》（中华人民共和国建设部令第126号）、《基础设施和公用事业特许经营管理办法》等文件精神，在城镇燃气领域持续推进以市场化为核心的系列改革，引导社会资本进入城镇燃气行业，持续推动城镇燃气供应能力提升和效率提高。随着市场化改革的深入推进，基本形成以本地国有企业为主体，新奥燃气、港华燃气等港资企业，以及华润燃气、中石油昆仑燃气等大型央企纷纷进入浙江燃气市场的局面。截至2023年，浙江省共有122家燃气企业，全省除嵊泗县外的98个县（市、区）均已接通管道燃气。其中，新奥燃气运营13家企业，港华燃气运营5家企业，华润燃气运营17家企业，中石油昆仑燃气运营17家企业，其余基本由本地城投公司或企业运营。

为强化管道燃气企业市场准入，推进燃气企业规模化改革，保障管道燃气用户权益，浙江省先后在《浙江省天然气发展三年行动计划（2018—2020）》《关于推进全省天然气体制改革的实施意见》等文件中明确，要优化城镇燃气特许经营的管理，依据有关法律法规督促管道燃气企业进一步提高运营服务质量，有序开展城镇燃气企业规模化整合。2020年，为进一步规范城镇燃气经营市场秩序，提升行业本质安全，浙江省住房和城乡建设厅出台全国首部管道燃气特许经营项目评估办法——《浙江省管道燃气特许经营评估管理办法》，该办法对管道燃气企业特许经营进行中期评估，明确特许经营协议存在的主要问题，为管道燃气企业签订特许经营项目补充协议指明方向；评估燃气规划的执行情况，有助于推进燃气规划的及时高效"落地"；从安全管理、应急能力、设备设施安全管理等方面评估管道燃气企业的制度建设，为推进管道燃气企业管理规范化与现代化提供发展思路；评估管道燃气企业的资产负债情况，为管道燃气企业提高总资产收益率、降低资产负债率，从而推进企业良性发展起到预警作用；评估管道燃气企业智慧化水平，为智慧燃气建设指明方向。

该办法规定管道燃气特许经营评估包括特许经营协议完整性评估和经营情况评估两部分。其中，特许经营协议完整性评估主要包括下列内容：（一）协议条款的完整性；（二）协议条款的合法性；（三）应急预案的完整性；（四）临时接管条件的完整性。经营情况评估主要包括下列内容：（一）合同履行能力及供应保障能力；（二）服务质量和用户投诉处理情况；（三）安全防控及应急救援能力保障。经营情况评估以百分制计分，75 分及以上为"合格"，75 分以下为"不合格"。经营情况评估意见为"不合格"的，应责令燃气企业立即整改，并在 3 个月内将整改情况报当地燃气主管部门。若拒不整改或整改不到位的，应由各地人民政府根据特许经营协议拟终止协议并进行临时接管。确需进行临时接管的，应由评估工作领导小组在公示结束后组织召开听证会。浙江省管道燃气特许经营评估对提升管道燃气运营管理水平、加强政府对特许经营项目的全面认识，完善健全监管体系、提高公众参与度，保障人民权益起到积极的推动作用。

二、发展助力城市燃气供应水平提升

（一）供气管道建设增速明显

从 2003—2022 年浙江省城市天然气供气管道长度及其占全国比重情况（图 5-1）来看，2003—2022 年浙江省城市天然气供气管道长度呈现出快速增长的趋势。其中，从 2003 年的 92 公里上升到 2022 年的 63946.49 公里，管道长度翻了 694 倍。2005 年之前浙江省基本没有形成天然气管网，2005 年之后在"八八战

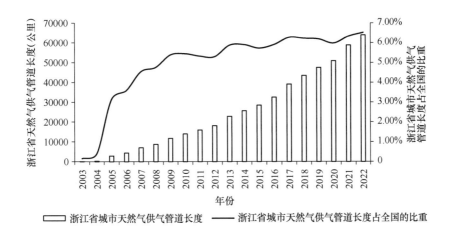

图 5-1 2003—2022 年浙江省城市天然气供气管道长度及其占全国比重情况

资料来源：《中国城市建设统计年鉴》(2004—2023)，中国统计出版社。

略"的指引下，全面实施"生态省"建设，以引入天然气清洁能源替代传统能源，天然气供气管道建设呈现出爆发式增长态势。其中，浙江省城市天然气供气管道长度占全国的比重由 2005 年的 3.14% 快速增长到 2022 年的 6.52%。

（二）储气能力不断提升

从 2003—2022 年浙江省城市天然气的储气能力及全国情况（图 5-2）来看，浙江省城市天然气储气能力由 2003 年的 83.72 万立方米上升到 2015 年的

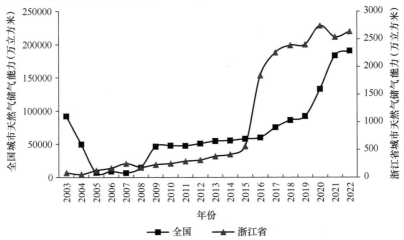

图 5-2 2003—2022 年浙江省城市天然气的储气能力及全国情况

资料来源：《中国城市建设统计年鉴》(2004—2023)，中国统计出版社。

561.48万立方米。2016年开始浙江省城市天然气储气能力进入快速发展的新阶段，并在2016年达到1841.11万立方米，原因在于2016年是"十三五"规划的开局之年，浙江省贯彻落实加快传统能源清洁化改造工作，持续加快城市天然气储气设施建设，推动了浙江省城市天然气储气能力的快速增长，此后每年保持3.7%的增速平稳增长。截至2022年，浙江省城市天然气储气能力达到2638.84万立方米。

进一步地，从2003—2022年浙江省城市液化石油气的储气能力及全国情况（图5-3）来看，2003—2019年浙江省城市液化石油气储气能力相对平稳，2020—2022年受到天然气替代作用的影响呈现出下跌态势。2020年之前浙江省城市液化石油气的储气能力平均每年为321739.81吨，2020年之后浙江省城市液化石油气的储气能力大幅下跌。截至2022年，浙江省城市液化石油气的储气能力仅为33941.04吨。

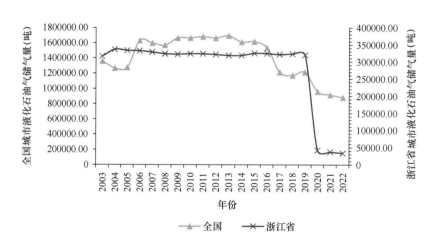

图5-3　2003—2022年浙江省城市液化石油气的储气能力及全国情况

资料来源：《中国城市建设统计年鉴》（2004—2023），中国统计出版社。

（三）供气总量稳步提高

"八八战略"实施二十年来，浙江省城市天然气供气总量及其占全国比重呈现出快速增长态势。其中，从2003—2022年浙江省城市天然气供气总量及其占全国比重情况（图5-4）来看，2003年以来浙江省天然气供应总量增速明显，特别是进

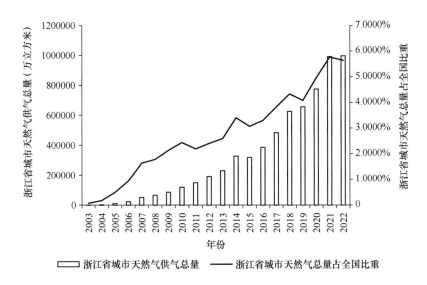

图 5-4　2003—2022 年浙江省城市天然气供气总量及其占全国比重情况

资料来源：《中国城市建设统计年鉴》（2004—2023），中国统计出版社。

入 2006 年以来，浙江省城市天然气供气占全国比重从约 1.5% 上升到 2022 年的 5.64%，总供气量从 2.30 亿万立方米增加到 2022 年的 99.70 亿万立方米。

从 2003—2022 年浙江省城市液化石油气供气总量及其占全国比重情况（图 5-5）来看，自 2013 年以来，由于全国和浙江省普遍实施"气化工程"，管道燃气的大量普及替代了液化石油气的使用，自此浙江省城市液化石油气供气总量

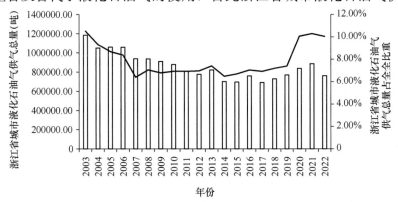

图 5-5　2003—2022 年浙江省城市液化石油气供气总量及其占全国比重情况

资料来源：《中国城市建设统计年鉴》（2004—2023），中国统计出版社。

呈现出下滑的趋势，即从 2003 年峰值的 118.52 万吨下滑到 2013 年的 70.18 万吨。2014—2021 年浙江省城市液化石油气供气总量呈现出缓慢上升趋势，2022 年略有降低。从浙江省城市液化石油气供气总量占全国的比重来看，2003—2007 年呈现出下降趋势，随后 2008—2019 年浙江省城市液化石油气供气总量占全国的比重较为平稳，2020—2022 年快速提升，并于 2022 年达到 10.05%。

（四）汽车加气站建设持续优化

从 2003—2022 年浙江省城市天然气和液化石油气的汽车加气站数量情况（图 5-6）来看，浙江省城市天然气汽车加气站数量呈现出波动上升趋势，从 2010 年的 2 座上升到 2022 年的 122 座，10 年间大约翻了 60 倍。相比较而言，

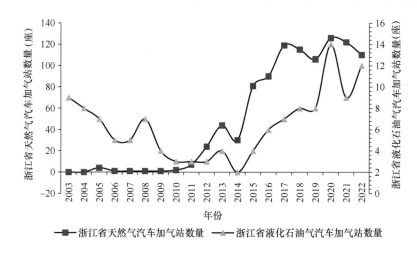

图 5-6　2003—2022 年浙江省城市天然气和液化石油气的汽车加气站数量情况

资料来源：《中国城市建设统计年鉴》（2004—2023），中国统计出版社。

浙江省城市液化石油气汽车加气站数量呈现出 U 形曲线变化态势。其中，从 2003 年的 9 座下降到 2014 年的 2 座，而后再次上升到 2020 年的峰值（14 座），随后稍有降低，到 2022 年浙江省城市液化气汽车加气站数量降低到 12 座。

（五）管道燃气扩面发展取得显著成绩

在"八八战略"的指引下，浙江省在管道燃气上不断推进城乡协调发展，实现了管道燃气由"城市到城镇再到农村"的扩面发展。2020 年，浙江省住房和城乡建设厅、省农业农村厅、省发展改革委等 7 部门联合印发《浙江省管道

燃气"村村通"试点工作实施方案》，推广管道燃气"村村通"惠民工程，稳步提升管道燃气通乡村增长率，形成了可复制推广的工程建设、运营、管理模式。如2010年杭州开始规划"燃气西进"战略布局，2021年深化布局"燃气西进"，不断推进"镇村通"计划，创新"绿色能源站＋微管网"模式，全力提升燃气公共服务供给"一体化"水平。

三、全民共享城市燃气优质服务成果

（一）城市燃气服务居民家庭能力不断加强

从2003—2022年浙江省城市天然气居民家庭用气户数及其占全国的比重情况（图5-7）来看，2003—2022年浙江省城市天然气居民家庭用气户数呈现出快速增长态势。其中，2003年仅为2.1万户，2022年达到846.6万户，20年间增长了大约402倍。从浙江省城市天然气居民家庭用气户数占全国的比重来看，从2002年的0.003%快速上升到2007年的2.6%。2007年之后，浙江省城市天然气居民家庭用户数占全国的比重呈现出稳定增长趋势，年均增速约为0.11%。由此可见，"八八战略"实施二十年来，浙江省城市居民家庭对天然气的需求在稳步提升。原因在于：一方面，浙江省大力推进天然气管道基础设施建设，这为提升城市天然气居民家庭用气户数提供重要的基础设施保障；另一方面，在"两山"理论的指引下，浙江省城市居民对绿色低碳环保行为的重视度更高、更

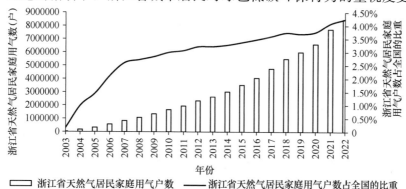

图5-7 2003—2022年浙江省城市天然气居民家庭用气户数及其占全国的比重情况

资料来源：《中国城市建设统计年鉴》（2004—2023），中国统计出版社。

有动力推动清洁能源转型,从而增加对城市燃气服务的需求。

从 2003—2022 年浙江省城市液化石油气居民家庭用气户数及其占全国的比重情况(图 5-8)来看,"八八战略"实施二十年来,浙江省城市液化石油气居民家庭用气户数呈现出"升高—降低—升高—降低—升高—降低—升高"的变化趋势。其中,2022 年浙江省城市液化石油气居民家庭用气户数约为 383.4 万户。从浙江省城市液化石油气居民家庭用气户数占全国的比重来看,2006 年以后呈现出稳中有升的态势,并于 2021 年达到峰值,约占全国的 11.35%。

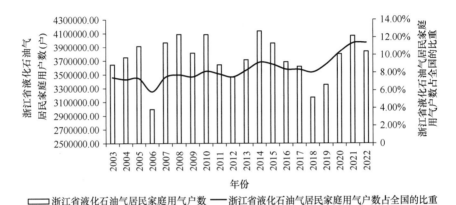

图 5-8　2003—2022 年浙江省城市液化石油气居民家庭用气户数及其占全国的比重情况

资料来源:《中国城市建设统计年鉴》(2004—2023),中国统计出版社。

(二)涌现出一批高水平的城市燃气企业

"八八战略"实施二十年来,浙江省城市燃气行业始终以"人民群众对美好生活的向往"为方向,以"让人人享有可持续的能源"为目标,以"让家庭更温暖、让家庭更美味、让家庭更美好、让城市更绿色"为追求,全力拥抱混合能源和清洁能源时代,产生杭州燃气集团有限公司等一批全国第一方阵的城市燃气企业,全面提升浙江省城市燃气服务水平,城市燃气营商环境处于全国领先水平。以杭州燃气集团有限公司为例,在"八八战略"的指引下,该公司开展"燃气西进东扩",实施天然气"镇镇通""镇村通"工程,推动城乡统筹发展,让城中村、景中村变身"绿色能源村"。2017 年,该公司顺应市场经济发展的新形势新要求,不断满足百姓对美好生活的向往,提出"5441"战略,坚持

"全产业链战略、客户第一战略、文化兴企战略、精益管理战略",坚定"市场化"发展理念、创新"产品化"发展策略、聚焦"数字化"抓总牵引、打造"品牌化"竞争核心,推动企业"安全发展、创新发展、绿色发展、共享发展",努力打造"跨区域发展的全国第一方阵的公众企业"。率先实施"最多跑一次"服务改革,推出"一站式服务""定制式服务""19网上服务厅"、免入户抄表、"4+X"社区服务、优家客户中心、"杭燃优家"自有品牌、绿色能源之旅等便民利民惠民的服务新举措,通过大建设促进大发展,真正做到发展为了人民、发展依靠人民、发展成果由人民共享。

第三节 安全建设助力管道燃气严守发展底线

安全是城市燃气行业发展的基础和底线。"八八战略"实施二十年来,浙江省高度重视燃气安全治理工作,高质量、高标准坚决彻底整治燃气领域安全隐患,成立浙江省城镇燃气安全专项整治工作专班,组织各地各部门利用隐患排查工具开展地毯式燃气安全隐患大排查,全面组织燃气安全隐患交叉检查,对查出的问题移交督办,强化各部门联合执法,推进行刑衔接,更新迭代浙江省燃气安全在线监管平台,深化燃气治理模式,助力浙江省城市燃气行业筑牢安全底线。

一、制度建设为管道燃气安全提供基础保障

"八八战略"实施二十年来,浙江省主要从城市燃气安全宏观制度和管道燃气安全制度两个方面为城市管道燃气安全提供制度保障。

(一)城市燃气安全宏观制度

从城市燃气安全宏观制度来看,2021年,《浙江省城市运行安全专业委员会办公室 浙江省住房和城乡建设厅关于进一步加强城镇燃气安全管理工作的实施意见》(浙建〔2021〕10号)发布,该意见提出:要严格落实供气企业、用气企业(单位)、设备和器具企业以及属地政府的安全管理责任,切实履行部门监

管职责，各地有关部门要按照"管行业必须管安全、管业务必须管安全、管生产经营必须管安全"的原则切实履行安全监管职责。从加快完善管理体系、加强市场准入管理、加强运输配送管理三方面依法规范市场经营秩序，从科学制定城镇燃气规划、加强建设工程监督管理两方面规范城镇燃气规划建设管理，从加强燃气设施保护、建立预防控制体系两方面强化场站设施安全防控，从完善用户用气管理制度、提升用户用气服务质量、强化餐饮经营单位安全管理、提升管道燃气覆盖率四方面加强用户安全用气管理，从推广使用先进技术、提升数字化监管水平两方面提升行业安全管理能力，从加强组织领导、创新工作机制、注重宣传引导三方面强化组织实施。

浙江省住房和城乡建设厅出台《浙江省城镇燃气发展规划（2021—2025年)》，明确形成与燃气行业建设、发展与管理相适应的政策法规体系。建立并完善特许经营评估机制，规范企业特许经营管理，开展城镇燃气安全生产风险评估。加强瓶装气配送人员管理，实现瓶装气运输车辆标准化。执行燃气管道施工审批，加强对燃气工程建设项目的规范化管理等相关要求。2023年，《浙江省城市运行安全专业委员会办公室 浙江省住房和城乡建设厅联合下发关于深入推进城镇燃气安全管理工作的指导意见》发布，要求推进城镇燃气规模化经营改革、健全企业安全管理体系、加强燃气使用安全管理、规范燃气配套工程建设、推进燃气监管数字化。同年，浙江省住房和城乡建设厅编制完成《城镇燃气使用场所安全使用条件实施细则》，明确规定居民用户、非居民用户城镇燃气使用的条件，以及城镇燃气使用场所的6种禁止情形。此外，还出台了浙江省工程建设标准《城镇燃气设施安全检查标准》DB33/T 1211—2020、《燃气用户设施安全检查标准》DB33/T 1251—2021、《城镇燃气设施安全应用技术标准》DB33/T 1255—2021。

（二）管道燃气安全制度

从管道燃气安全制度来看，2005年，浙江省公安厅、省发展改革委、省安全监管局、省质量技术监督局为加强天然气管道管理和维护，确保管道安全稳定运行，保障沿线人民群众生命财产和国家财产安全，联合下发《关于切实做好天然气管道保护工作的意见》，要求加强涉及天然气管道安全的规划、设计、施工、社会管理等领域的保障工作，沿线各级政府要加强对天然气管道日常保护工作的领导和协调，天然气管道企业要切实履行管道安全生产的责任主体义务，加大天然气管道安全保护工作的宣传力度，建立省天然气管道保护联席会议制度，进一步落实天然气管道保护工作职责。为做好全省城镇燃气、城市供水突发事故应急工作，指导应急抢险，及时、有序、高效、妥善处置事故、排除隐患，最大限度减少事故造成的损失，维护人民群众生命财产安全和社会稳定，2021年浙江省住房和城乡建设厅印发《浙江省城镇燃气、城市供水突发事故应急预案》。同年，浙江省住房和城乡建设厅为切实完善城镇燃气经营单位应急预案体系建设，增强预案的规范性、实用性和可操作性，防范应对各类突发事件，提升企业防灾减灾能力，发布《城镇燃气经营单位生产安全事故应急预案编制及演练导则（试行）》，明确应急预案的内容要点、应急演练与评估等内容。

二、安全评估压实管道燃气生产与监管责任

浙江省不断压实城市燃气企业安全生产主体责任和行业主管部门监管责任，开展城镇燃气安全"百日攻坚"，强化储存和输配环节管控能力，加强用户用气安全水平。其中，为深入践行安全发展理念，深化城镇燃气行业综合监管，2021年浙江省住房和城乡建设厅印发《关于开展全省城镇燃气安全生产评估工作的通知》，主要评估城镇燃气行业安全风险、城镇燃气企业以及城镇燃气重大安全隐患风险点辨识三个部分。其中，城镇燃气行业安全风险评估每三年开展一次，城镇燃气企业评估及城镇燃气重大安全隐患风险点辨识评估每年开展一次。对城镇燃气行业安全风险评估而言，以部门自查、定量评估的方式开展，有条件的地市可委托安全评价机构或具备市政行业（燃气工程）设计资质的第三方开展评估。对城镇燃气企业评估而言，由各燃气企业对照现行国家标准《燃气系统运行安全评价标准》GB/T 50811开展评价，编制评价报告，最终打分结果由企业安全生产制度执行情况评分、气源系统等各分项平均加权得出。对城镇燃气重大安全隐患风险点辨识评估而言，由各地城镇燃气主管部门汇总

本地区城镇燃气重大风险点，填写《城镇燃气重大安全隐患登记表》，并制定管控方案。

三、过程管控强化管道燃气的储存输配安全

为全面排查整治燃气安全隐患问题，有效防范化解重大安全风险，坚决遏制燃气事故多发势头，浙江省自 2021 年开始对城市燃气等领域进行城市体检，发布《浙江省城市体检工作技术导则（试行）》。其中，燃气安全专项体检主要围绕气源、管网、服务、安全、智慧、规划等方面开展体检。采用统计数据、监测数据、相关规划等基础资料，通过分析、计算、统计、比较，判断城市燃气系统的短板，提出解决问题的建议和意见，在此基础上给出建设、运行、维护指引，形成城市燃气体检报告。此外，浙江省针对超过期限的燃气管道的埋深、走向、防腐层和是否有泄漏等情况，全覆盖、全过程、全方位推进燃气安全风险隐患排查整治，强化燃气安全排查整治各环节联合监管、联合执法，整改治理一批重大安全隐患，依法严惩一批违法违规行为，联合惩戒一批严重失信企业。同时，浙江省全面开展老旧管道更新改造工作，下发《浙江省城镇燃气管道检验及更新改造方案》和相应技术导则，对 12 年以上的钢管和 15 年以上的 PE（聚乙烯）管道（压力管道）、15 年以上的钢管和 20 年以上的 PE 管（非压力管道），以及使用年限超过 20 年的立管，通过企业自检或特种设备检验机构进行全面体检，通过局部改造或整体更新改造的方式整改隐患。督促城市燃气企业每年制定改造计划，形成清单，动态更新，按计划予以落实，建立常态长效的燃气管网有机更新制度。浙江省通过燃气安全专项体检、推进燃气安全风险隐患排查整治和全面开展老旧管道更新改造，持续提升浙江省管道燃气储存输配的安全水平。

四、用户至上理念助力终端设施和场所安全

（一）制度助力居民与非居民用气管理与安全

为规范居民和商业用户管道燃气管理，提高居民和商业用户用气的安全性，

2023年浙江省住房和城乡建设厅发布《居民和商业用户管道燃气管理导则》，该导则适用于浙江省居民用户立管以后的户内管道燃气系统（含户内立管）和商业用户引入总管阀门以后的室内管道燃气系统的建设、使用、运行与维护，明确基本规定、用气场所、设施设置、安全用气、运行与维护等要求。除此之外，浙江省住房和城乡建设厅出台浙江省工程建设标准《燃气用户设施安全检查标准》DB33/T 1251—2021，明确各类用气用户的安检频次。其中，管道用气居民用户不少于1次/2年，非居民用户不少于1次/年；瓶装用气居民用户不少于1次/2年，非居民用户不少于1次/月。

（二）燃气入户"体检"保障用气安全

为有效规避燃气用户风险，增强人民的获得感、幸福感、安全感，浙江省各燃气企业持续推进居民燃气设施全面检查工作，重点检测燃气设备、燃气表、燃气连接管、用气环境状况、商业灶具明细等。对检测中发现的问题立即告知居民，并迅速采取相关措施解决问题，及时消除居民家中的燃气安全隐患。检查结束后，工作人员还向居民发放燃气安全使用注意事项和安全用气常识等宣传资料。通过燃气入户"体检"及时规避燃气使用风险，极大地降低燃气使用安全隐患。如宁波市针对老旧小区燃气设备老化严重、住户安全用气意识淡薄等安全隐患，选取江北、海曙两个区三个街道六个社区试行"燃气管家"工作模式，并在"燃气管家"服务中延伸扩展老旧管道更新改造、"城市体检"等功能模块，构建燃气安全新生态建设。建立"政府推动、企业主导、社区协同、用户参与"的燃气安全社会化管控机制，整合派出所、城管中队、燃气公司、小区物业等多方资源，形成共享共治合力，化解入户难、整改难等问题。设置"燃气管家"社区驻点，明确管理半径、服务对象，在网格化服务中做到"巡检落实到人、安检细致到边、宣传入户到位"，实现燃气用户安全检查、设施维修等全生命周期管理，让居民燃气诉求响应在社区、解决在社区、满意在社区。强化燃气安全生产应急抢险组织水平，构建"发现燃气隐患—上报社区网格—现场检测浓度—分类应急处置"的高效处置链路，"燃气管家"在接到用户求助信息后，可第一时间赶赴现场并使用可燃气体检测设备研判燃气泄漏情势，分类开展应急处置，险情从发现到稳妥处置压缩近 30 分钟。

（三）提升终端设施和场所安全保障能力

针对用户端安全用气管控，浙江省积极提升终端设施和场所安全保障能力。其中，一是推进用户橡胶软管更换金属软管工作。二是优化营商环境，降低用户报装成本，积极推动各类餐饮街区及小餐饮"瓶改管"工作，切实改变小餐饮场所瓶装燃气使用隐患突出且整改落实难的问题，从本质上提高餐饮场所的安全用气水平。三是推进餐饮等使用燃气生产经营单位的报警器安装工作。如杭州市 2017 年就开始上门提供将燃气橡胶管免费更换为金属管的服务，推出"一站式服务"，实现非居民用气燃气报装"最多跑一次"；为全力提升城镇燃气本质安全水平，2018 年杭州市安全生产委员会燃气专委会发布《杭州市餐饮场所推广使用管道天然气实施意见》，明确"瓶改管"三年行动计划。2018 年以来，真正做到了让用户"进一扇门，找一个人，办所有事"，实现用户、企业双赢，助力杭州营商环境社会影响力；2019 年杭州燃气集团有限公司实施了"312"用气报装杭州标准，杭州燃气报装跑出"加速度"；2020—2023 年相继出台了燃气报装"102"新标准、杭州市城镇燃气"瓶改管"工作方案以及电水气网联合服务等政策措施，进一步提升了全市的营商环境。

第四节　合规引导助力瓶装燃气企业规范运营

瓶装燃气行业既是民生事项，也属于安保危化实名登记和严控管理范畴。"八八战略"实施二十年来，浙江省以制度建设为瓶装燃气安全提供重要支撑，以规模化改革推动瓶装燃气企业创新整合，紧抓关键要素，保障瓶装燃气全过程安全，严查违法行为，守牢瓶装燃气的安全底线。

一、制度建设为瓶装燃气安全提供重要支撑

为加强瓶装燃气安全管理，2007 年，浙江省住房和城乡建设厅印发《浙江省瓶装燃气经营单位和个人安全事故责任承担能力标准规定》，明确瓶装燃气经

营、供应、加气站经营应当具备的条件。2017年，浙江省住房和城乡建设厅等八部门联合发布《关于加强瓶装燃气市场监管的实施意见》（浙建〔2017〕3号），提出通过气瓶产权置换，建立以液化气储配站为气瓶安全责任主体的气瓶安全监督管理新模式；通过场站建设规范管理，全面实现固定充装制度和实名制登记，确保经营市场稳定有序；通过部门合作、联合执法等手段，严格市场管理，坚持综合整治，规范行业监管，确保安全供气；通过建立瓶装燃气信息化监管体系，实现气瓶流向信息化管理等目标任务。重点深化瓶装燃气销售实名制登记机制，推进信息化监管措施，加强气瓶监察和充装管理，规范瓶装燃气企业经营行为，加强瓶装燃气企业员工管理，继续保持高压执法力度等工作。2018年，浙江省住房和城乡建设厅发布了《关于建立瓶装燃气跨区域违法经营执法协助机制的通知》，加大对瓶装燃气跨区域违法经营案件的查处力度，保障了全省瓶装燃气质量和服务水平；2021年，浙江省住房和城乡建设厅先后印发了《瓶装液化石油气配送管理指南（试行）》《浙江省瓶装液化气运行安全管控导则（试行）》等文件，对人员、车辆、配送、供应站点提出相应的管理要求，实现瓶装液化气风险、隐患的监测及处置，进一步提升了行业的数字化、智慧化管理水平。

二、规模化改革推动瓶装燃气企业创新整合

在《瓶装液化石油气规模化经营改革实施指南》的指导下，浙江省多地积极开展整合模式的探索实践，产生不少各具特色的典型案例。例如共同委托专业配送公司在配送端开展集中配送业务模式；通过市场主体自愿整合，形成从储配充装配送一体化的业务开展模式等。杭州市通过整合社会资源，以民营资本为主、国有资本部分参股的方式，成立杭州萧燃燃气配送服务有限公司、浙江余燃燃气配送有限公司、杭州百江能源有限公司、杭州之江液化气有限公司等燃气集中配送服务公司，形成分工合作、优势互补、互惠互利的经营关系，有效挤压非法经营空间。其中，杭州萧燃燃气配送服务有限公司整合萧山区域内原有的35家二级供应站，吸纳近300名送气工。4家配送公司拥有信息化自

有产权气瓶 155.1 万余只，服务近百万用户，日充装 400 吨（3 万瓶），全部实现全程追溯。此外，杭州通过搭建区域平台，指导各燃气集中配送服务公司，在各自区域范围内开设统一区域订气热线，研发"517 我要气"和"燃气侠"手机 APP，创设"区域订气监控中心平台"，提供一站式服务，满足个人用户、餐饮客户和工业客户随时叫气、预定叫气、批量订气等不同需求。

三、紧抓关键要素保障瓶装燃气全过程安全

浙江省紧抓瓶装燃气管理的"瓶""车""人"三个关键要素，通过一系列改革举措，提升企业安全运行基础能力。一是实行销售实名制管理。浙江省从 2016 年开始，借力 G20 峰会期间安全良好态势，全面推进实名制销售，按照"人、瓶、地，三合一"和"谁使用，在哪里"标准，启动钢瓶信息化管理，开启浙江省瓶装燃气管理的"新时代"。通过对每个钢瓶赋二维码，实现对钢瓶从充装到空瓶回收的全过程可追溯，现已对超 1000 万个钢瓶实现信息化管理。二是推进人员职业化。针对瓶装燃气市场配送人员流动性大、管理难等问题，通过与企业签订劳动合同，使配送人员成为企业正式员工，实行统一培训取证上岗、统一考核和违规惩戒、纳入"黑名单"乃至清退的机制，严厉打击无证人员从业行为，使"游击队"变成了"正规军"。三是推进车辆标准化。严格统一配送三轮车标准，加装 GPS 或北斗定位系统，实现标志鲜明、人车绑定、轨迹可查的动态实时监管的配送车辆管控体系。四是推进配送集中化。浙江省多地成立专业配送公司，统一负责用户的送气和入户安检工作。科学划定配送区域，实行网格化配送，杭州、宁波、嘉兴、绍兴等城市已逐步取消用户上门自提，实行送气入户制度，进一步压实企业对用户用气安全环境的检查和入户安检制度。五是推进销售线上化。浙江省部分地区建立统一的客服平台和微信线上销售平台，实现用户在线注册、在线购气、线上支付的销售新模式，接受用户通过电话或线上的订单，将瓶装燃气销售模式转变为"淘宝式"销售。此外，省内部分地市也涌现出创新性的瓶装燃气保安全案例，如杭州市全面落实瓶装燃气实名制销售和钢瓶二维码标识，针对城市大建设时期燃气管道设施易被破坏

的实际情况，采取多项举措，切实加大管道燃气设施保护工作力度；台州市首创瓶装燃气安全管理"十二分制"落实燃气行业三级监管责任，如企业存在充装报废、超期、未置换液化气瓶等，给予每次扣 6 分处理；燃气企业发生安全事故、送气服务人员违法储藏燃气瓶等，给予一次性扣 12 分处理。对年度扣完 12 分的燃气企业、配送点，立即停业整顿；扣完 12 分的送气人员，立即收回服务证，三年内不得从事送气服务工作，形成对整个瓶装燃气行业监督考评问责的高压态势。

四、严查违法行为守牢瓶装燃气的安全底线

浙江省以制度建设为抓手，重拳出击严查瓶装燃气违法行为，通过协同执法保障瓶装燃气安全。其中，2020 年 12 月，浙江省住房和城乡建设厅等联合印发《浙江省跨区域经营瓶装燃气治理行动方案》，开展为期 2 年的整治打击。2022 年，浙江省住房和城乡建设厅联合市场监管、交通运输、公安、发展改革和政法相关部门制定出台《关于进一步推进瓶装燃气跨区域经营治理的实施意见》，并协同开展跨区域经营专项整治，由钢瓶流向地牵头案件办理，由钢瓶来源地、充装地负责违法经营行为的调查取证，坚决查处打击跨区域经营瓶装燃气行为，做好钢瓶来源地、流向地办案的信息共享，一案双查；规范企业运行，督促瓶装燃气企业在充装、销售、运输、使用各环节信息录入，严厉打击企业向未取得瓶装燃气经营许可的单位和个人提供经营性气源、销售非自有产权气瓶等违法行为；加强源头管控，督促瓶装燃气企业在充装台、出入口等位置加装监控储存时长不少于 90 天的高清摄像头；全面推进充装秤或充装枪头的信息化、智能化，具备气瓶未经扫码识别、过期瓶、报废瓶、非自有产权瓶无法充装等锁定功能，强化气瓶监管；健全价格监审机制，做好价格公开，省、市两级加强价格监测数据发布工作，建立信息发布平台，及时向社会发布瓶装燃气价格信息。通过场站视频监控和部门联网、气瓶信息化平台大数据预警和分析，信息化记录作为执法证据，保持瓶装液化气违法案件的主动查处、精准查处。2022 年至 2023 年，浙江省通过部门协同执法，共计查获违法车辆 179 辆，证物

提存违法充装气瓶 20962 瓶，移交公安百余人，立案 140 起，追究刑事责任 30 余人，处罚金额超 724.3 万元。其中，宁波市为有效遏制线下违规销售经营行为，全面推行瓶装液化气线上销售，实现用户线上实名注册认证、在线购气、在线支付、集中配送入户的瓶装液化气销售新模式，形成"一个线上销售服务平台＋一个热线电话＋一支应急处置队伍"的瓶装液化气销售应急服务新格局。

第五节　智慧化转型助力城市燃气高质量发展

"八八战略"实施二十年来，浙江省通过数字赋能提升城市燃气监管智慧化水平，建设以数据驱动、流程规范和工具创新为特点的浙江省城市燃气数字化体系，制定系列政策文件和技术标准，汲取试点地区的数字化转型经验，为实现燃气全过程数字化监管提供重要支撑。

一、标准建设指引全省城市智慧燃气系统搭建

智慧燃气是以提升城镇燃气供应的安全性、环保性、适应性、经济性等为目标，综合应用信息感知、数字信息技术、网络通信技术和工业控制，实现城镇燃气智慧运行和管理的过程，主要涉及地理信息系统、监控与数据采集系统、安全防范系统、客服服务系统、管网仿真系统、工程可视化系统、瓶装燃气管理系统以及远程值守。2022 年 7 月，绍兴市市场监督管理局在浙江省率先发布《城镇燃气管理平台数字化建设规范》DB3306/T 046—2022，该规范明确了城镇燃气管理平台数字化建设的要求、总体框架、数据对接以及运行与维护。随后，2022 年 8 月，浙江省住房和城乡建设厅发布浙江省工程建设标准《智慧燃气建设技术标准》DBJ33/T 1280—2022，该标准明确智慧燃气建设应根据供应规模、用户需求、输配系统工艺和运行安全等要求进行整体规划，并应遵循技术标准化、信息一体化和功能模块化的建设原则，提出基础设施的一般规定、感知设施、信息传输、数据管理、信息安全等要求，明确燃气供应系统内应配置地理信息系统、监控和数据采集系统、安全防范系统、客户服务系统、管网仿真系

统、工程可视化系统、瓶装燃气管理系统。同时对场站管理、远程值守管理、巡检管理、完整性管理、应急管理、用户管理、指挥调度提出智慧应用要求，明确了燃气服务企业、系统管理员、数据管理等运行维护要求。

二、试点先行助力城市智慧燃气应用场景建设

浙江智慧燃气应用场景建设坚持试点先行、经验扩散的基本理念，形成极具浙江辨识度的智慧燃气应用场景。鉴于嘉兴市"燃气安全在线"应用场景由嘉兴推广到全省，绍兴市柯桥区是浙江省住房城乡建设系统数字化应用场景唯一的区级综合试点，嘉兴市海宁市是管道燃气数字化改革试点市，为此，本部分以绍兴市柯桥区、嘉兴市和嘉兴市海宁市为例进行分析。

（一）嘉兴市瓶装燃气应用场景

嘉兴市针对燃气事故中瓶装燃气占比较高的客观事实，按照急用先行原则，在浙江省先行试点建设"燃气安全在线"瓶装燃气应用场景。该场景整合现有平台信息数据和资源，打造集监测预警、应急指挥、智能配送、日常运营、设备管理、统计分析等功能于一体的全域治理平台，全面建立全市燃气总体态势感知网络，以数字化赋能城镇燃气行业监管、提升政府治理能力，切实防范燃气领域重大安全风险隐患。2022年1月，浙江省住房和城乡建设厅正式发文，以"嘉兴模式"为全省样板，将嘉兴经验在全省范围内进行复制推广，并将"燃气安全在线"列为浙江省住房和城乡建设厅头号数字化改革应用成果，确立嘉兴市瓶装燃气行业管理及数字化改革在全省的领先地位，成功为全省瓶装燃气行业发展提供"嘉兴经验"。

（二）绍兴市柯桥区住建系统数字化应用场景

绍兴市柯桥区通过物联传感"慧眼"发现问题、数字化"智脑"处置问题，于2022年6月建成浙江省首个"城市安全运行一体化作战平台"和"燃气安全监管服务平台"，从城市安全监测"一张网"、城市风险运行"一张图"、城市风险处置"一件事"三个维度通盘谋划，通过物联传感"慧眼"发现问题、数字化"智脑"处置问题，率先打造"风险可视、源头可溯、安全可控、事故可防"

的治理新模式,能够第一时间发现问题,把城市安全隐患排除在萌芽阶段。截至 2022 年,绍兴市柯桥区新增部署燃气监测感知设备 4000 余套(包含工商业瓶装燃气 3380 套、管道燃气 630 套),监测范围覆盖柯桥主城区、亚运场馆等核心区域,初步建成全天候监测感知网。已成功防范化解各类安全隐患 1000 余个,全区地下管网风险排查效率提高 75%,事故发生率下降 65%。该项目入选浙江省"一地创新,全省共享""一本账",获评中国信息协会"2022 数字政府创新成果与实践案例"。

(三)嘉兴市海宁市管道燃气数字化改革试点

嘉兴市海宁市通过企业与政府联动方式,推进管道燃气数字化改革。其中,海宁新奥燃气公司投入 1.25 亿元,完成 3 座燃气厂站的感知设施改造、750 座燃气管道阀门井浓度监测设备安装、接入 1.6 万个公共视频监控用于第三方施工监测、安装 413 套精装修住宅的智慧厨房系统、340 个工商用户泄漏报警远传监测设备改造、15 万台终端物联网表改以及智能运营中心和 E 城 E 家和用户云平台的建设。嘉兴市海宁市住房和城乡建设局完成燃气安全在线及配套浙政钉、浙里办等系统建设,并与省级系统进行衔接。利用智慧燃气试点经验编制《浙里城市生命线及地下空间综合治理应用区县级管道燃气场景建设指南》,带动浙江省燃气行业智能化推广。

三、搭建省级平台指导全省城市燃气智慧监管

浙江省以数字浙江建设为指引,持续推进城市燃气数字化发展,实现从数据报送平台的信息化,向以安全为目标的浙江燃气安全在线平台转型,通过打通数据壁垒,优化全过程数字化监管,推进浙江省城镇燃气数字化改革的迭代升级。浙江省建立了浙里城市生命线-浙江燃气安全在线平台,该平台基本实现全省燃气运行、安全等关键数据 100% 接入,初步实现省、市、区(县、市)三级数字化平台应用,基本形成城镇燃气安全运行大数据上传汇总、定期分析、预警预测以及动态监控的数字化安全管理体系。该平台极大地提升了对安全细节的掌控、安全指标的进度监控以及隐患整改闭环等安全关键工作的监管效能,

显著提高了瓶装燃气的智慧化监管水平。

浙江燃气安全在线平台的主要特点如下：一是精确掌握行业数据，做到监管心中有数。根据统一业务规范梳理出《城镇燃气（瓶装专项、管道专项）业务管理系统数据标准》，建立健全相关业务系统，接入所有瓶装液化石油气经营企业的基础数据和业务数据以及所有管道燃气企业的基础数据。积极将数据采集、数据应用嵌入业务流程，保持应用系统数据"鲜活"，通过业务流转带动数据更新，不断完善、填补业务管理系统。二是全面开展业务统一核验，倒逼行业规范作业。利用数字化手段实现企业在安全生产环节中调用省级应用平台发布的核验接口，对企业、场站、气瓶、人员、用户、车辆、用户信息等内容进行核验，规范开展气瓶全环节作业流程，实现全省2684万只气瓶全生命、全周期监控，并以统一核验为抓手，发布全省统一的编码规则，将对全省在用气瓶进行统一赋码，从源头杜绝一码多瓶、一瓶多码。通过核验认证，有效防止黑气瓶充装、过期瓶充装、跨企业充装、无证人员充装等非法行为，分析出用户用气异常、未及时入户安检、非法在外过夜、跨区经营等异常行为，推动行业安全监管"从事后调查处置向事前事中预警、从被动应对向主动防控"转变。每日约有22万只气瓶通过调用核验接口进行充装，基本完成瓶装液化石油气企业常态化气瓶核验，初步实现瓶装液化气气瓶全生命周期监控。三是运用统一巡检工具，推进安全监管提质增效。浙江省在"浙政钉－城市运行安全"上架基于"燃气安全在线系统"开发的"燃气安全"应用，打通"浙里办"端口，并在微信、支付宝同端发布，实现各地对燃气企业、用户、场站的抽查以及结果反馈和整治闭环。

第六章 "八八战略"指引下的浙江道路行业发展

城市道路是城市的血脉和骨架,是拉开城市框架、提升城市能级的重要抓手,是改善城市面貌、惠及民生的重要工程。二十年来,浙江省深入实施"八八战略",坚持一张蓝图绘到底,大力推进城市道路路网建设,统筹推进城市快速路网建设,城市道路的规模和质量同步提升,承载能力不断增强,慢行系统基本建成,城市道路实现跨越式发展。浙江以城市道路法规标准体系为支撑,在国内较早颁布实施了《浙江省城市道路管理办法》,构建了浙江城市道路管理的政策体系,形成省市两级的城市道路管理标准体系。同时,持续推进城市道路运行的精细化管理,省级精品示范道路建设卓有成效,实施城市道路"最多挖一次"改革,开展城市道路重点区域综合管理,安全有效推进城市道路设施运行。通过停车泊位建设和停车服务改革,实现公共停车场的高质量发展。新形势新要求下,又以数字化建设为引擎,持续推动数智赋能城市道路建设,不断提升城市道路数智化治理水平。

第一节 高水平构建城市道路法规标准体系

城市道路建设和管理是一项庞大的系统性、持续性工程。"八八战略"实施二十年来,浙江省始终坚持法规标准引领,加强顶层设计,构建具有浙江特色的城市道路法规政策和标准体系,有力支撑起浙江省城市道路建设管理工作的科学化、规范化和法治化。

一、立法先行，构建富有浙江特色的政策法规体系

"八八战略"实施二十年来，浙江省通过高质量立法引领，推动城市道路高质量发展（表6-1）。早在2002年，浙江就颁布实施了《浙江省城市道路管理办法》（以下简称《管理办法》），该办法是国内较早出台的城市道路管理地方规章。《管理办法》将城市道路规划、建设和养护全过程纳入法治化轨道，还对城市道路的资金来源、路政管理等进行立法探索。在此基础上，杭州、宁波、温州等城市因地制宜，颁布实施《杭州市市政设施管理条例》《宁波市市政设施管理条例》和《温州市市政设施管理条例》等地方性法规，针对"马路拉链"、井盖沉陷以及占道维修等热点问题，从立法上破解了道路管理难题。

浙江省的省、市、县三级城市道路管理部门坚持问题导向，精准施策，颁布实施一批城市道路管理的政策文件，构建了浙江城市道路管理的政策体系。其中，2021年，杭州市针对"坑坑洼洼不平整"等社会关注的热点问题，制定并发布《关于进一步提升杭州市市政道路建设质量管理的若干意见》，强化道路建设质量源头管理，从设计源头落实市政道路"一路一方案"，优化管线布置并强化特殊部位处理，落实建设单位首要责任，施工、监理、检测层层把关，确保施工质量可控；强化政府质量监管、部门联动，建立联合抽检制度和节点抽检制度，建立质量问题溯源管理。为从整体上提升城市道路质量，2022年绍兴市住房和城乡建设局等部门联合印发《提升全市城市道路建设品质的指导意见》（绍市建设〔2022〕29号），对城市道路的规划、设计、建设和管养等作出具体规定。为加快形成快速路网以及推进市区快速路一体化运营管理，2023年绍兴市颁布并实施全省首个快速路管理办法——《绍兴市区快速路管理办法》，明确快速路规划建设、养护、维修以及运行管理等方面的具体路径和责任单位，推动智慧快速路综合管理应用，实现市区快速路一个系统平台、一套标准系统，做到数据共享和整体智治。

浙江省城市道路政策体系情况　　　　　　　　　　　　　　　　　　　表 6-1

出台部门级别	名称
省级	《浙江省城市道路管理办法》（2019 年修正）
市级	《杭州市市政设施管理条例》（2005 年修订）
市级	《宁波市市政设施管理条例》（2016 年修订）
市级	《温州市市政设施管理条例》
市级	《绍兴市区快速路管理办法》
市级	《关于进一步提升杭州市市政道路建设质量管理的若干意见》
市级	《提升全市城市道路建设品质的指导意见》

资料来源：作者整理。

二、标准规范，构建城市道路建设和管养标准体系

"八八战略"实施二十年来，为提升城市道路质量，浙江省省市两级政府部门积极构建高标准的城市道路管理标准体系。截至 2023 年，累计制定城市道路设计和建设类标准以及规范共 10 项，养护和管理类标准共 14 项，详见表 6-2。

浙江省城市道路建设和管养标准体系　　　　　　　　　　　　　表 6-2

分类	具体类别	名称	发文单位
城市道路设计和建设标准及规范	城市道路规划建设	《城市道路隧道设计标准》DB33/T 1256—2021	浙江省住房和城乡建设厅
城市道路设计和建设标准及规范	城市道路规划建设	《城镇道路掘路修复技术规程》DB33/T 1249—2021	浙江省住房和城乡建设厅
城市道路设计和建设标准及规范	城市道路规划建设	《城镇道路施工区域市政临时工程技术规程》DB33/T 1264—2021	浙江省住房和城乡建设厅
城市道路设计和建设标准及规范	城市道路规划建设	《城镇道路路桥过渡段工程技术导则（试行）》	浙江省住房和城乡建设厅
城市道路设计和建设标准及规范	城市道路规划建设	《城镇道路路基与路面工程技术导则（试行）》	浙江省住房和城乡建设厅
城市道路设计和建设标准及规范	城市道路规划建设	《城镇道路检查井建设及改造技术导则（试行）》	浙江省住房和城乡建设厅
城市道路设计和建设标准及规范	城市道路规划建设	《城市道路检查井盖技术导则（试行）》	浙江省住房和城乡建设厅
城市道路设计和建设标准及规范	城市道路规划建设	《台州市市政道路工程设计技术指南》	台州市住房和城乡建设局
城市道路设计和建设标准及规范	城市道路数字化建设	《浙江省数字化城市道路建设技术指南（试行）》	浙江省住房和城乡建设厅

续表

分类	具体类别	名称	发文单位
城市道路设计和建设标准及规范	城市道路数字化建设	《智能网联道路基础设施建设规范》	德清县市场监督管理局
城市道路养护和管理类标准	城市道路管养	《城市道路养护作业规程》DB33/T 1250—2021	浙江省住房和城乡建设厅
		《城镇道路养护作业安全设施设置技术规程》DB 33/T 1236—2021	
		《浙江省市政设施养护档案管理标准化指南》	
		《城市道路养护管理评价标准》DBJ33/T 1272—2022	
		《浙江省城市道路"最多挖一次"工作指南》	
		《城市道路人行道净化技术导则（试行）》	
		《城市道路养护规范》DB 3301/T 0314—2020	杭州市市场监督管理局
		《杭州市城市桥梁养护管理规范》DB 3301/T 0280—2019	
		《城市道路养护技术规程》DB 3302/T 1069—2018	宁波市市场监督管理局
		《城市桥梁养护技术规程》DB 3302/T 1082—2018	
	城市道路安全运行	《浙江省城镇道路检测技术导则（试行）》	浙江省住房和城乡建设厅
		《浙江省城市桥梁隧道运行安全风险防控导则》	
		《浙江省城市桥梁隧道防灾与安全监测系统建设技术导则》	
		《建设工程影响范围既有市政设施保护技术导则（试行）》	

资料来源：作者整理。

（一）城市道路规划建设标准

为规范城市道路隧道设计，保障市政基础设施建设安全，2021年浙江省住房和城乡建设厅发布《城市道路隧道设计标准》DB33/T 1256—2021、《城镇道路掘路修复技术规程》DB33/T 1249—2021以及《城镇道路施工区域市政临时工程技术规程》DB33/T 1264—2021等标准和规范。为治理城市道路起伏不平、"桥头跳车""窨井跳车"等病害，2022年浙江省住房和城乡建设厅发布《城镇道路路桥过渡段工程技术导则（试行）》《城镇道路路基与路面工程技术导则（试行）》《城镇道路检查井建设及改造技术导则（试行）》《城市道路检查井盖技术导则（试行）》。各地为切实提高城市道路工程建设水平，相继发布一些政策指南，如台州市印发《台州市市政道路工程设计技术指南》。

（二）城市道路管理养护标准

为提升全省城市道路养护工作规范化服务水平，浙江省在规范城市道路养护工作、档案管理以及养护管理评价等城市道路养护管理方面发布一系列规程标准。具体而言：2021年，浙江省住房和城乡建设厅为规范城镇道路养护作业工作以及相关安全设施设置、保障养护作业和通行安全、减少道路养护作业对交通的影响，发布《城市道路养护作业规程》DB33/T 1250—2021、《城镇道路养护作业安全设施设置技术规程》DB33/T 1236—2021。同年，浙江省住房和城乡建设厅为规范全省市政设施养护档案管理，发布《浙江省市政设施养护档案管理标准化指南》。2022年，浙江省住房和城乡建设厅发布《城市道路养护管理评价标准》DBJ33/T 1272—2022。为进一步做好浙江省城市道路挖掘管理工作，杜绝反复开挖的"马路拉链"现象，提升城市道路品质，2022年浙江省住房和城乡建设厅印发《浙江省城市道路"最多挖一次"工作指南》。为进一步推进人行道净化行动、规范人行道设施设置、优化人行道养护管理、提升人行道通行环境，2022年浙江省住房和城乡建设厅发布《城市道路人行道净化技术导则（试行）》。同时，杭州市、宁波市等地也制定了城市道路养护和城市桥梁养护标准。其中，杭州市发布《杭州市城市桥梁养护管理规范》DB 3301/T 0280—2019和《城市道路养护规范》DB 3301/T 0314—2020，宁波市发布《城市道路养护技术规程》DB 3302/T 1069—2018和《城市桥梁养护技术规程》DB 3302/T 1082—2018。

（三）城市道路安全运行标准

为遏制路面塌陷、桥隧坍塌倾覆等重大事故，2021年浙江省住房和城乡建设厅印发《浙江省城镇道路检测技术导则（试行）》，明确地下空洞隐患检测规定、方法和风险管控举措，填补了浙江省道路地下空洞隐患检测技术指导标准的空白。2021年和2022年浙江省住房和城乡建设厅发布《浙江省城市桥梁隧道运行安全风险防控导则》《浙江省城市桥梁隧道防灾与安全监测系统建设技术导则》以及《建设工程影响范围既有市政设施保护技术导则（试行）》，首次提出城市桥隧风险辨识与评估机制以及道桥隧安全保护范围内外部工程作业保护要求，这为风险隐患大排查大整治、智能化监测体系建设提供技术支撑。

（四）城市道路数字化建设标准

浙江省积极推动数字化城市道路建设，2021年浙江省住房和城乡建设厅发布全国首个数字化城市道路技术指南——《浙江省数字化城市道路建设技术指南（试行）》，对浙江省内新建城市快速路、主干路、次干路和改扩建道路的设计、施工、运行管理和维护提出建设方案，旨在打造精准感知、精确分析、精细管理、精心服务能力的数字化城市道路，实现出行安全、管控智能、服务有效和通行高效的目标。2020年，浙江省湖州市德清县发布《智能网联道路基础设施建设规范》DB 330521/T 64—2020，这是国内首个智能网联道路基础设施建设方面的指导性地方标准规范。

第二节 高标准推进城市道路路网建设

"八八战略"实施二十年来，浙江省高度重视城市道路建设，统筹建设城市快速路网，城市道路规模和质量同步提升，城市慢行系统基本建成，城市道路有机更新有序推进，城市道路承载力不断增强，城市道路实现全方位的精彩蝶变。

一、城市道路建设规模高位增长

（一）城市道路长度和面积持续提升

城市道路建设是完善城市功能、提升城市品质、推进城乡一体化发展的重要基础。为支撑全域融合发展，"八八战略"实施二十年来，浙江省大力推进城市道路基础设施建设，城市道路长度和面积持续增加，通行能力进一步增强。从2003—2022年浙江省道路长度和道路面积情况（图6-1）来看，浙江省道路长度和道路面积整体呈逐年增长趋势。其中，浙江省道路长度从2003年的10341.68公里增长至2022年的32945.80公里，道路面积从2003年的16743.20万平方米增长至

2022年的63786.09万平方米，年均增长分别为6.65%和7.71%。

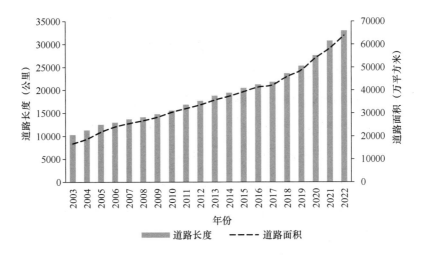

图6-1　2003—2022年浙江省道路长度和道路面积情况

资料来源：《中国城市建设统计年鉴》（2004—2023），中国统计出版社。

（二）城市慢行系统基本建成

"八八战略"实施二十年来，浙江省积极构建覆盖广泛、环境友好的城市慢行交通网络，推进人行道、骑行道、绿道等慢行交通系统的网络化建设，打造良好的慢行交通环境，城市道路品质得到进一步改善。从2003—2022年浙江人行道面积的变化情况（图6-2）来看，浙江省人行道面积呈现出大幅增长态势，从2003年的3248.65万平方米提高到2022年的1.41亿平方米，增长了334.03%。

二、城市快速路网布局持续完善

不同于一般的城市道路，城市快速路网的作用在于引导长距离交通与地区性交通分离，发挥机动车在长距离交通的速度优势，提高城市交通效率，从而疏解城市交通密集地区的交通，使城市各部分建立起快速直接的交通联系，具有容量大、连续快速、出入口间距较小、环境要求高等特点和优势[1]。"八八战略"实施二十年来，浙江省深化城市路网"畅联"工程，路网布局不断优化，

---

[1] 胡国军. 我国大城市快速路规模与布局研究[D]. 南京：东南大学，2007.

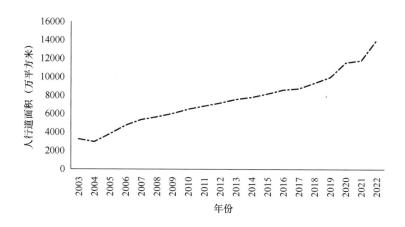

图 6-2　2003—2022 年浙江人行道面积的变化情况

资料来源：《中国城市建设统计年鉴》（2004—2023），中国统计出版社。

特别是为迎接 G20 峰会和第 19 届杭州亚运会的召开，全域大力推进城市快速路网建设。截至 2022 年，浙江省建成城市快速路 1282 公里。

为推进城市快速路网建设，杭州、宁波、绍兴等地积极制定快速路网建设规划。其中，2017 年杭州市快速路网建设领导小组发布《杭州市迎亚运保畅通快速路网建设四年攻坚行动计划（2017—2020 年）》，为加快市域综合交通立体路网统筹建设打响"发令枪"，市域综合交通立体路网统筹建设深入实施，以上跨架桥、入地造隧、互通衔接的立体式建设模式，拉大城市空间结构、提升城市综合能级、构建 45 分钟出行时空圈，不断提升现代都市交通路网密度和承载力。又如宁波市按照"四横五纵九连"的城市快速路网规划布局，不断加快城市快速路向城区外围辐射。再如绍兴市制定《绍兴市区快速路网规划》和《绍兴市区快速路建设规划（2022—2035 年）》，到 2035 年绍兴市将形成"六横八纵"的城市快速路网，实现市区 10 分钟上高速、形成半小时通勤圈，基本建成联杭接甬快速路网体系。

在建设规划的指引下，浙江省各地市的城市快速路网布局得到显著改善。为保障亚运会的顺利进行，杭州及宁波、温州、湖州、绍兴、金华 5 个协办城市通过对城市快速路的提升改造，进一步提高路网可达性，同时将惠民理念融入亚运会筹办过程中，打造亚运精品工程和推进惠民举措。其中，杭州市外联内畅、功能完善、保障有力的立体路网格局已经基本形成。2022年宁波市获批19条新建快速路工程项目①。宁波市第一条含隧道的城市快速路——夏禹路，采用独特的"高架＋地下隧道"形式建设，将宁波站枢纽交通接入城市快速路网，对构建宁波现代化立体交通网络、优化城市功能布局、推动城市经济发展、全面提升宁波中心城区的发展水平具有重要意义。温州市投资最大的城市通道——瓯海大道，极大地便利了周边市民的出行，瓯海大道东延及枢纽集散系统工程不仅提升温州的城市形象，构建了温州东片区域的交通大网络，而且在加快发展临空经济、改善机场交通以及方便市民出行等方面发挥重要作用。湖州市首条快速线——内环（北线）快速化改造工程的全线通车，使得东西向行车时间缩短三分之二，改善了北部区域的交通状况，进一步完善了城市路网体系，提升了交通整体承载力。绍兴市近年来加快推进快速路网建设，大禹路、绿云路、越东路、山会路、于越路等一批快速路相继建成通车。金华市市区第一个快速路项目——一环路快速化改造的一期和二期项目已分别于亚运会前后启动实施，对城区形成东西向快速通道，减轻城区干道交通压力，构建内畅外联、立体互通的城市路网框架发挥重要作用。

三、城市道路有机更新有序推进

城市道路有机更新以人为核心、绿色发展为原则，通过改造、更新等手段，重新焕发城市道路生命力，达到可持续发展的目标。"八八战略"明确要"发挥浙江的生态优势，创建生态省，打造'绿色浙江'"，这为浙江省城市道路的有机更新指明方向。二十年来，浙江省各地市通过打通"断头路"、优化车行道路面等，持续推进城市道路的有机更新。

在打通"断头路"方面，温州、舟山等地成效显著。其中，温州市2016—2020年间共打通96条"断头路"②，城市交通网络结构持续优化，城市路网愈加

---

① 原文链接：http：//www.ningbo.gov.cn/art/2022/5/26/art_1229099769_59427540.html？isMobile＝true。

② 其中，2016年17条、2017年17条、2018年18条、2019年22条、2020年22条。

便捷畅通。舟山市 2016—2020 年间共打通"断头路"29 条，拓宽"瓶颈路"30 条，改造完成总府路、芙蓉洲等街区微循环，畅通城市交通"毛细血管"，有效盘活老城区道路交通资源，实现城市路网"无缝链接"。

在优化车行道路方面，杭州等地取得积极进展。杭州市自 2002 年开始坚持高起点规划、高强度投入、高质量建设、高效能管理的"四高标准"，系统谋划推进道路有机更新工程。通过实施以快速路网建设为重点，以主干道新建、改造、整治为突破口，以支小路改造和背街小巷改善为基础，以市区慢行交通系统和静态交通系统建设为配套的城市有机更新重大项目，全面推进道路建设整治，以"道路有机更新"带动"城市有机更新"。具体包括"33929"工程、"三口五路"工程、"一纵三横"工程、"五纵六路"工程、"两口两线"工程、"二纵三横"工程、"十纵十横"工程、"一绕四线"工程、延安路有机更新工程等。

第三节　精细化推进城市道路运行管理

全面推进城市道路精细化管理是城市交通治理的重要方向。"八八战略"实施二十年来，浙江省大力推进城市道路精细化管理，以打造省级精品示范道路为载体，加强人行道设施精细化管理，推进城市道路"最多挖一次"改革，在完善城市公共服务的同时凸显城市的人文关怀。

一、省级精品示范道路建设卓有成效

全省精品示范道路建设根据"三改一拆"[①]"四边三化"[②]"两路两侧"[③] 行动

[①]"三改一拆"是指浙江省政府决定，自 2013 年至 2015 年在全省深入开展旧住宅区、旧厂区、城中村改造和拆除违法建筑（简称三改一拆）三年行动。通过三年努力，旧住宅区、旧厂区和城中村改造全面推进，违法建筑拆除大见成效，违法建筑行为得到全面遏制。

[②]"四边三化"行动是指 2012 年 8 月 14 日，中共浙江省委办公厅、浙江省人民政府办公厅印发《浙江省"四边三化"行动方案》，全面整治"四边区域"（公路边、铁路边、河边、山边）环境问题，扎实开展"四边区域"洁化、绿化、美化行动（简称"四边三化"行动）。

[③]"两路两侧"和"四边三化"有关，即全市道路（含公路、城市道路）和铁路两侧的洁化、绿化和美化行动。

的相关工作要求，始终以"美丽、洁净、安全"为目标，围绕道路路况良好，两侧可视范围内脏乱差问题全面消除，"洁化、美化、绿化"打造出彩，组织保障和长效机制建设到位等重点内容进行评选。随着精品道路改造的不断推进，城市道路周边原有"脏、乱、差"的现状得到极大改善。

一是省级精品示范道路评选。自2016年起，浙江省"三改一拆"行动领导小组办公室每年开展"省级精品示范道路"评选活动。其中，2016年首批"省级精品示范道路"共评选出20条"省级精品示范道路"，2017年评选出20条，2018年评选出21条。二是省级绿化美化精品道路评选。2017年浙江省住房和城乡建设厅评选出56条"省级绿化美化示范路"；2020年，浙江省"三改一拆"行动领导小组办公室、浙江省交通运输厅联合组成评审组，评选出50条"省级绿化美化精品道路"；2021年评选出49条"省级绿化美化精品道路"。三是省级特色精品道路评选。浙江省"三改一拆"行动领导小组办公室、浙江省交通运输厅分别于2020年和2021年每年联合评选出20条"省级特色精品道路"。

二、加强城市人行道设施精细化管理

规范人行道设施设置，优化人行道养护管理，提升人行道通行环境，是高质量实现城市道路人行道设施精细化管理的重要途径。"八八战略"实施二十年来，浙江省始终围绕高质量、精细化管理目标，不断推进城市道路人行道设施改造和管理。在制度建设方面，浙江省积极探索人行道精细化管理制度标准。2022年，浙江省住房和城乡建设厅发布《城市道路人行道净化技术导则（试行）》（以下简称《导则》）。《导则》以标准化补齐技术空白，提出隔离设施、箱杆等附属设施、非机动车停放点等设施的布设规定，从源头消除设施占道乱象。同时，提出平整化树、滑动式井盖等新工艺、新技术，聚焦学校、医院、菜场等重点场所综合提升策略，以退还被占用的人行空间，减少违规侵占现象为重点方向，坚持标准与活力并举。嘉兴市制定《嘉兴市城市道路人行道设施设置及铺装标准》（以下简称《标准》），用"一张网"明确"设计、建设、管理与养护"的强制性标准、推荐性标准以及常遇问题的解决方式，终结设计建设单位各自为政的建设乱象，实现跨部门、跨领域融合。《标准》一方面明确了人行空间的保障机制，对不同功能区的"人行道宽度、设置形式、可布置的设施、绿化带形式"作出明确规定，构建人、车以及设施合理化的交通空间；另一方面推进体制机制创新，鼓励展现嘉兴人文的井盖图案、设施带内箱体的美化、多杆合一等多种精细化设施和管理手段的运用，对人行道面层、无障碍设施、各类井盖、行道树、路灯，以及其他公益类、公共服务类设施的材质、尺寸、风格和色调进行详细规定，建立具有城市道路人行道设计、建设、挖掘、养护综合运维能力的品质城市管理模式。

在工作推进方面，为了践行人行道路精细化管理理念，浙江省积极实施城市人行道净化行动，在人行道上下足"绣花功夫"，让慢行出行更畅通、安全、舒适，实实在在地提升人民群众获得感、幸福感、安全感。2022年，宁波市围绕城市人行道"走不通畅、走不安全、走不舒适"问题，开启"人行道惠民三年行动"，针对问题突出、矛盾集中的人行道逐步开展专项净化提升，三年计划完成人行道净化路段300条，同时打造亮点示范人行道设施60条，着力打造学校、医院、菜场、社区周边惠民步行示范路段和净化路段。通过日常养护、局部治理，疏通慢行道肌理，以"微改造"实现人行道"精提升"；持续推动人行道多箱合一、多杆合一、智慧灯杆改造，改善箱杆布设凌乱、遮挡视线等问题；通过设置人非隔离设施、铺设不同路面材料、挖潜泊车空间等方式梳理人行、车行和泊车三大空间，筑牢人行道安全底线；逐年安排人行道铺装全面更新，聚力校园周边人行道设施颜值与安全双提升改造，科学协调无障碍设施、停车泊位、公交站台等重要点位空间关系，在不拓宽人行道的情况下充分释放人行空间，规整路灯、标牌、监控等杆体，对路口树冠实施整形。

三、实施城市道路"最多挖一次"改革

城市道路"最多挖一次"改革[①]是促进城市建设有序发展，保障市民日常生

---

① 城市道路"最多挖一次"是指统筹建设资源，建立指挥系统，尽可能合并施工，减少开挖，杜绝道路反复开挖。

产生活的重要方式之一。浙江省各地在制度保障方面发布了一系列部门规章，细化对城市道路挖掘工作的管理要求。2009年，杭州市发布《杭州市临时占用挖掘城市道路管理办法》[①]，明确临时占用、挖掘的含义和申请临时占用挖掘程序，规范城市道路临时占用、挖掘的行为。2018年，宁波市奉化区发布《宁波市奉化区人民政府关于进一步加强中心城区城市道路开挖和地下管线管理的实施意见》，为解决"马路拉链"和地下管线"无序管理"问题提供指导。2019年，台州温岭市发布《温岭市城区城市道路挖掘管理办法》，规定城区城市道路挖掘的管理主体和管理程序。

浙江省为进一步做好城市道路挖掘的管理工作，制定《浙江省城市道路"最多挖一次"工作指南》（以下简称《指南》）。《指南》明确城市道路大、中修项目以及城市道路地下管线抢修项目的工作程序，提出城市道路"最多挖一次"的工作制度[②]，这为进一步做好城市道路挖掘管理工作、整合建设资源、杜绝道路反复开挖、提升城市道路品质、完善公共服务管理体系提供重要制度支撑。

在治理城市"马路拉链"问题上，杭州市通过整合建设资源、建立指挥系统，将多个不同项目的施工妥善合并到一起，减少开挖次数、节约政府建设资金，并最大限度减少施工对市民出行、生活的影响。通过指挥系统，更加超前地谋划、统筹道路开挖工程。具体流程如下：每年年初杭州市城市管理局收集汇总全市年度建设计划，进行全盘梳理及方案制定后发布给各成员单位。成员单位根据本年度工程安排来协调具体时间，并与其他单位的工程合并施工，以避免成员单位各自开挖，增加施工时间和次数。如果两个工程时间相近，在杭州市城市管理局的协调下，双方建设单位协商施工时间，同时进场施工。该模式不仅减少路面开挖次数和施工时间，而且有助于保证工程质量、道路平整美观以及管线企业服务质量。

---

① 该办法根据2012年5月18日杭州市人民政府令第270号《杭州市人民政府关于修改〈杭州市外商投资企业土地使用费征管暂行规定〉等23件市政府规章部分条款的决定》修改。

② 主要包括行政许可、例会通报、联动机制、三级抄告、批后监督、管线监护、诚信管理、数字监管。

四、开展城市道路重点区域综合管理

"八八战略"实施二十年来,浙江省对城市道路重点区域[①]进行综合管理,极大地改善城市道路的环境面貌,不断提升城市的精细化管理水平。全省各地市大力实施城市背街小巷管理改造提升行动,提高民众生活的舒适性和便捷性。背街小巷改善是一项综合性工程,内容包括道路平整、积水治理、截污纳管、立面整治、园林绿化、景观照明、城市家具、公厕改造、违建拆除、缓解交通"两难"、架空线"上改下"、平改坡、危房修缮、标志标牌多杆合一14个方面。其中,杭州市从2004年开始启动背街小巷改善工程,出台《杭州市人民政府办公厅关于实施背街小巷改善工程的若干意见》,对背街小巷改善工程提出具体要求,制定《关于市民全过程参与背街小巷改善工作的实施方案》,鼓励市民直接参与改善工程,有效提升城市道路的使用功能,畅通了城市微循环交通。温州市以全区重点农贸(集贸)市场周边300米内的所有背街小巷[②]为重点,制定《"背街小巷"整治行动方案》,全域打造背街小巷新形象、新风貌。嘉兴市结合城市道路改造、背街小巷整治,实施架空线缆"上改下",整治强弱电线缆乱接乱拉等"空中蜘蛛网"现象,净化城市空间。

为进一步提升城市道路精细化管理水平,提供安全、便利的通行条件,浙江省各地市加强盲道等无障碍设施管理,提升城市文明水平。杭州市自2020年开展"迎亚(残)运"无障碍环境建设三年行动计划以来,对照负面清单问题,全面排摸既有市政设施无障碍情况,严格对照无障碍标准推进整改工作。衢州市坚持聚焦无障碍设施建设重点,发布了《衢州市城市环境无障碍设计导则》,系统提升城市道路的无障碍设施,积极创建"全国无障碍环境示范市"。丽水市发布了《丽水市无障碍环境融合设计导则》,对城市道路无障碍设计提出具体规定,推动城市道路建设更加合理化、人性化和便利化。

---

① 包括背街小巷、盲道等无障碍设施。
② 指路面较窄,无公交车通过的街巷。

五、推进城市道路设施运行安全有效

为深入推进城市道桥隧等设施安全平稳运行,浙江各地聚焦安全风险防范,建立健全安全管理体系和相应制度。2010 年,杭州市为规范城市桥涵安全保护区域内的施工作业及相关活动,制定了《杭州市城市桥涵安全保护区域管理规定》。2014 年,嘉兴市为强化城市道路及桥梁等设施的养护管理,发布了《嘉兴市区城市道路桥梁养护维修技术及管理规定(试行)》。

在重视规章制度的同时,浙江省采取有力措施,将精细化管理深入到城市道路设施的安全维护中,大力提升城市道路设施的安全水平。围绕桥梁安全、隧道通畅和道路平坦三大模块,建立城市道桥隧安全在线系统,通过对管养市政设施的动态感知、智能预警实现精细化、智慧化管理,用以保障设施的安全运行。其中,杭州对市区城市桥梁全覆盖结构进行检测[①],根据检测结果和病害情况制定并落实整改措施;宁波率全省之先对城市跨江大桥开展桥梁水下桩基冲刷专项检测,统一规划布设城市大型(高架)桥梁的检测基准测点,借助无人机、爬索机器人和高倍望远镜等先进仪器设备开展常态化检查,基本实现桥梁检查监测"全覆盖、全天候";嘉兴海宁市为持续提升城市管理"精细化、智慧化、人性化"水平,进一步提高城市安全系数,对市区桥梁进行全覆盖巡查。

第四节 高质量推进公共停车场建设和服务

加快推进城市停车场建设、缓解停车难问题和补齐城市发展短板是事关群众切身利益、便民惠民的重大工程。"八八战略"实施二十年来,浙江各地持续统筹完善停车场规划、建设和管理,加大城市停车设施的配建力度,形成以配建停车为主体、路外停车为辅助、路内停车为补充的停车供给布局。同时,持

---

① 检测内容主要包括墩台沉降、混凝土碳化程度、钢筋分布状况等 9 项指标。

续推进泊位服务改革，借助数字技术破解停车难题，打造智慧停车平台，探索智慧化停车服务模式。

一、停车泊位建设工作持续推进

"八八战略"实施二十年来，浙江省不断推进新增停车泊位建设和停车泊位智能化改造工作，公共停车设施不断完善，公共停车泊位数量和运行效率持续提升，停车设施结构渐趋合理，"停车难"问题逐步缓解。

（一）停车泊位供给能力逐步增强

2016—2020年，浙江省主城区新增停车位73.4万个。从各地市停车泊位建设成效看，2016—2020年间，杭州新增停车泊位26.2万个，其中，配建泊位23.3万个[1]、公共泊位2.9万个；2021年1月至11月，新增停车泊位70486个，其中公共泊位6531个[2]；2022年，新增停车泊位81542个，其中公共泊位7746个[3]。台州市在2016—2020年期间新增城市公共停车泊位1.5万个，新增居住区停车泊位数3.6万个。同一时期，舟山市新增4500余个停车位。截至2020年，舟山市主城区公共停车位达到3.06万个，其中路外公共停车位1.14万个；省内规模最大的立体停车楼——舟山市朱家尖禅意小镇立体停车楼一期工程完工，朱家尖景区公共停车位达1.97万个，极大地改善了朱家尖景区的停车环境。

（二）停车泊位智能化改造快速推进

伴随着电动汽车保有量的持续增加，浙江省不断推进充换电站和充电桩等新能源停车设施的建设。根据《2021年浙江省电动汽车充电基础设施发展白皮书》的数据显示，截至2021年，浙江省充换电站和充电桩的建设量分别达到5027座和6.2万个，同比增长76％和49％。杭州等地市的新能源充电基础设施建设不断提速。根据《2022年中国主要城市充电基础设施监测报告》的数据显示，2021年杭州市公共充电桩的密度达到每平方公里23.2台，充电站覆盖率为

---

[1] 新建停车泊位以配建泊位为主。
[2] 资料来源：https://www.hangzhou.gov.cn/art/2021/12/3/art_812262_59045465.html。
[3] 资料来源：https://www.hangzhou.gov.cn/art/2022/12/30/art_812262_59071237.html。

88.7%，在 32 座城市①中排名第七位；2021 年杭州市公共充电桩的平均桩数利用率、平均时间利用率和平均周转率分别比 2020 年提高 11.1%、4.9% 和 1.5%，充电服务效能不断提升。

二、停车服务改革有序推进

（一）实现停车收费差别化管理

浙江各地针对城市道路区域等级、公共服务基础设施配置、旅游景区等情况，实行差异化停车收费制度。宁波市建立了分时段、分区域的差异化收费标准，通过停车收费的杠杆作用和调节作用，实现道路停车泊位与公共停车场收费差异化，小区周边与商业区域等不同地段收费差异化，以及机场、火车站、医院等重要站点与普通区域收费差异化；对老旧小区夜间停车难区域，设置潮汐停车位并实行错峰停车，适当降低夜间停车收费价格，进一步提高停车泊位周转率。嘉兴市采用政府定价和市场调节价两种方式，按照"中心城区高于外围，路内高于路外、地面高于地下、白天高于夜间"的原则，优化停车场（库）收费标准。

（二）探索智慧化停车服务模式

随着城市人口数量和汽车保有量的增加，停车位供需矛盾日益突出，传统停车模式下信息化水平较低，停车资源难以高效整合，无法满足行业发展现实需求。"八八战略"实施二十年来，浙江省不断探索完善停车泊位智慧化管理制度。2023 年，浙江省发展改革委、浙江省公安厅、浙江省自然资源厅、浙江省住房和城乡建设厅印发《关于浙江省推动城市停车设施高质量发展的实施意见》（浙发改投资〔2023〕82 号）（以下简称《实施意见》），对停车设施的智慧赋能提出明确要求。《实施意见》从统筹规划建设停车设施、强化城市停车运营管理、推进停车产业化发展、加强停车设施政策保障以及完善停车管理法治保障

---

① 32 座城市指北京市、上海市、广州市、深圳市、南京市、天津市、成都市、杭州市、武汉市、西安市、郑州市、重庆市、青岛市、东莞市、厦门市、大连市、太原市、常州市、无锡市、昆明市、济南市、温州市、苏州市、长沙市、南昌市、宁波市、泉州市、海口市、烟台市、石家庄市、福州市、贵阳市。

等方面提出具体举措。

为缓解"停放空间紧、车位周转慢、停车秩序乱"等难题，在数字化改革的背景下，浙江省各地积极探索智慧停车模式，推行"先离场后付费"模式，特别是杭州的城市大脑智慧停车系统、宁波市的"甬城泊车"、温州市的智慧停车生态云平台以及丽水市城市级智慧停车管理云平台均取得较好成效。2019年，杭州市率先提出"全市一个停车场"的理念，并组建城市大脑智慧停车系统，实现对停车数据的集中统一采集、存储和管理，首创"先离场后付费"的便捷泊车系统，有效缩短车辆离场时间，达到就医停车渐分流、小区停车能错峰、商圈停车更智能的目的。不同于车主在扣费成功后才能离场的传统停车收费方式，"先离场后付费"的便捷泊车服务能够实现车辆出场时直接放行，出场后再对停车费用进行扣费。市民通过城市大脑便捷泊车二维码、杭州城管微信公众号、"贴心城管APP"或"杭州市民卡APP"等方式开通"先离场后付费"服务，即可使用该服务。2020年底，宁波市开始对市区内停车场进行智能化改造，大力推广"先离场后付费"停车服务模式，"天一分"[①] 信用良好的市民可以在"甬城泊车"APP上开通服务，成为国内首个市域范围内的停车APP统一运营平台，树立起国内智慧停车行业新标杆，被浙江省住房和城乡建设厅列为浙里城事共治重大应用首批全省贯通场景。温州市运行温州智慧停车生态云平台，对停车数据统一接入，进行统一监管、统一数据分析、统一支付结算等功能，统筹规划、统一管理、优化资源配置，打造市级停车"一张网"，进一步提高城市交通通行效率，解决市区停车难、停车乱问题。丽水市运用城市级智慧停车管理云平台＋智能设备[②]＋云座席＋ETC（电子收费系统）追缴机制等现代信息技术及路面联动机制，打造城市停车无人值守模式，实现停车数字化管理。

---

① "天一分"是宁波市个人的诚信分，基于宁波市公共信用平台归集的公共信用信息、个人自主上报信息及第三方提供的用信信息，结合浙江省自然人公共信用评价，从身份特质、遵纪守法、社会公德、履约情况及用信行为五大维度构建个人信用分评价模型，综合分析计算得出。

② 包括高位枪机、视频桩、智能道闸。

第五节　高效能推进城市道路智慧化建设

智慧道路是助推智慧城市快速发展的重要路径之一。"八八战略"实施二十年来，浙江省借助大数据、云计算、人工智能、物联网等数字技术，持续推进城市道路智慧化建设，不断提升城市道路智慧化建设和治理水平。

一、数字化城市道路建设持续推进

数字化城市道路建设是智慧城市交通发展的重要依托。为贯彻落实数字化改革的决策部署，推进浙江省住房城乡建设系统数字化改革，提升数字化城市道路的建设和改造水平，加快实现城市道路的全息感知和健康监测，2021年，浙江省住房和城乡建设厅发布全国首个数字化城市道路建设技术指南——《浙江省数字化城市道路建设技术指南（试行）》（以下简称《指南》）。《指南》对浙江省内新建城市快速路、主干路、次干路和改扩建道路的设计、施工、运行管理和维护提出建设方案，涵盖城市道路的实时全息感知、数据处理中心和业务处理中心、数字化城市道路的应用场景，要求利用人工智能、车路协同、移动通信、高精定位和大数据分析等科技手段实现数智赋能城市道路和管理平台。

在数字化改革背景下，宁波市、绍兴市等地积极探索数智赋能城市道路的建设、管理和养护。其中，在城市道路数字化建设方面，宁波市以数字化改革助力道路管理服务能力提升，建成浙江省首条数字化城市道路——鄞县大道智慧化道路。鄞县大道智慧化道路以智慧路灯杆为主要载体，搭载视频、雷达、环境监测等各类感知设备，打造基础设施状态、交通运行状况、气象环境等全要素、全时空的精准感知体系。同时，道路整合路灯杆、交通杆、监控杆等各类杆件，实现基础设施共建、共享和共治的集约发展。在城市道路建设、管理和养护全过程数字化方面，绍兴市建成数字化业务系统的智慧快速路，通过运用建筑信息模型（BIM）、智慧管养（IMS）、智慧交通（ITS）、车路协同（ICV）、智慧照明（ILS）等数字化智慧系统，赋能"规划—设计—建设—运营"

全生命周期数字化管理，以颠覆性创新变革，让城市交通治堵、环境改善得到同步提升，其先进性和代表性走在国内快速路网技术水平前端。在项目建设阶段，打造绍兴智慧快速路 BIM 全寿命期大数据管理平台，结合大数据、物联网、AI 等技术，提供智能的决策辅助、科学的风险预测分析、便捷的协同应用，全面赋能项目建设实现质效双优。在项目运营阶段，打造绍兴市快速路智慧运营平台，通过 BIM+GIS、物联网、大数据等信息化手段，结合智慧管养（IMS），对重点桥梁、隧道健康状况进行实时监测，把险情化解在萌芽状态。

二、行业数智化治理水平不断提升

"八八战略"实施二十年来，浙江省在城市道路数字化建设过程中广泛应用人工智能、车路协同、移动通信、高精定位和大数据分析等一系列科技手段，推动城市道路数字化建设和改造水平以及智慧交通监管能力始终位居全国前列。

在城市道路综合管理平台建设上，杭州市、宁波市等地结合城市管理实际，将建设成果与管理平台相融合，不断提升城市道路数字化治理能力。杭州市推出智慧市政系统，在地理信息系统、城市网格系统和数字城管系统的基础上，依托云计算、物联网、大数据处理等技术，对市政设施及相关系统数据进行全方位的信息化处理和利用，实时感知、监控和管理设施运行状况，机扫车、沥青保温车、多功能车 GPS 接入"智慧市政"系统后，实现城区养护车辆管理全覆盖。宁波市搭建城市道路综合管理平台基础框架，完成基础管理系统、道路养护工作系统、道路工程管理系统、道路移动作业系统，拓展区县（市）道路监管系统，建立以专业道路检测为基础的养护决策机制。通过整合全市道路信息资源，实现道路养护管理、道路工程监管、道路检测评估等功能，强化对巡查工作、养护企业、养护费用、工程招标等的管理考核，提高道路养护监管能力和工作效率，降低道路养护管理成本。

在桥梁监测管理体系建设上，宁波市、温州市等地以提升桥梁安全管理与服务水平为导向，加强桥梁监测数智化管理。宁波市在国内率先建成首个城市级桥梁群集中监测平台——宁波市城市桥梁监测管理中心，实现桥梁实时监测、巡检养护、安全监控、综合管理等功能，扩大桥梁基本信息数据库、地理信息库，初步实现桥梁全寿命期信息化管理。温州市建成省内领先的城市桥梁风控"桥医生"系统，对市域内大型以上城市桥梁、隧道等装置物联感知设备实行"一张图"实时监管，在线监测桥梁健康状况并及时响应突发事件，实现桥隧安全风险预警控制、智慧桥隧决策分析、桥隧设施维养管理等，提升城市桥隧综合治理水平。

第七章 "八八战略"指引下的浙江园林绿化行业发展

城市园林绿化是重要的公共基础设施,承载着生态调节、景观营造、休闲游憩、文化传承、科普教育、防灾避险等多种功能,是服务百姓的社会公益事业和民生工程。"八八战略"提出要进一步发挥浙江的生态优势,创建生态省,打造"绿色浙江"。浙江省园林绿化行业深入践行习近平生态文明思想,一以贯之深入实施"八八战略",把园林绿化行业发展摆在美丽浙江建设的战略高度进行谋划,以"公园城市"建设为引领,以"美化城市、改善环境、服务当代、造福子孙"为目标,通过夯实制度保障根基,建设诗画浙江全域美丽大花园,率先评审优秀园林工程奖,深入推进信用监管改革,持续推进园林城镇评估,实现国家园林城市全覆盖,城市园林绿化的总体规模不断增加、空间布局愈发合理,工程建设市场监管方式不断创新,行业数智化治理水平不断提升,为打造"诗画江南、活力浙江"省域品牌贡献园林绿化行业的智慧与力量。"八八战略"实施二十年来,浙江省城市园林绿化行业在建设绿色生态环境、提高城市环境质量、改善城市景观等方面取得显著成效,不仅为浙江乃至全国人居环境建设、美丽城乡建设贡献浙江智慧,也是浙江省深入践行"八八战略"、推动习近平生态文明思想在浙江生动实践积厚成势的具体体现。

第一节 制度保障助力城市园林绿化规模不断提升

城市园林绿化规模对于改善城市生态、提升城市品质、满足人民日益增长的优美生态环境需要具有重要现实意义。"八八战略"实施二十年来，浙江省城市园林绿化行业始终坚持系统思维，通过出台《浙江省城市绿化管理办法》（2017年修订）、《浙江省园林绿化养护预算定额》（2018版）、《浙江省绿道规划设计技术导则》《浙江省省级绿道网规划》，印发《浙江省住房和城乡建设厅 浙江省城乡风貌整治理升工作专班办公室进一步加强城市园林绿化工作助力城乡风貌整治提升和未来社区建设行动的通知》《关于进一步推进城镇园林绿化事业持续健康发展的实施意见》《浙江省园林城市申报与评审办法》《浙江省园林城市标准》等一系列法规政策和标准体系，为浙江不断提升城市园林绿化规模、推动行业高质量发展提供重要的制度保障。

一、城市园林绿化规模稳步提升

浙江省城市园林绿化行业以"八八战略"为指引，以提升城市绿色环境质量为目标，着力提升建成区绿化覆盖率，扎实推进"美丽浙江"建设，20年来，浙江省绿化规模稳步提升。从2003—2022年浙江省建成区绿化覆盖面积和建成区绿化覆盖率情况（图7-1）来看，2003年，浙江省建成区绿化覆盖面积为29015.02公顷，绿化覆盖率为31.07%。2018年浙江省建成区绿化覆盖面积和绿化覆盖率分别达到120239.32公顷和41.19%。2022年，浙江省建成区绿化覆

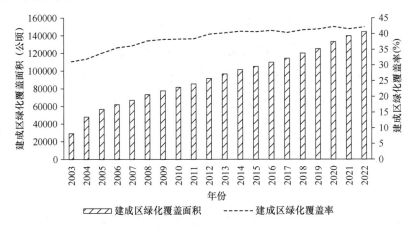

图7-1 2003—2022年浙江省建成区绿化覆盖面积和建成区绿化覆盖率情况

资料来源：《中国城市建设统计年鉴》（2004—2023），中国统计出版社。

盖面积进一步提升到 144373.09 公顷,绿化覆盖率达到 42.13%,2002—2022 年年均增幅分别为 9.98% 和 1.75%。

从 2003 年和 2022 年浙江省各地级及以上城市建成区绿化覆盖率对比情况(图 7-2)来看,相比于 2003 年,2022 年各地级市建成区绿化规模均大幅提高。其中,台州市、丽水市和温州市的增幅较大,分别为 149.77%、90.45% 和 79.94%。台州市 2003 年提出创建国家园林城市目标并制定《台州市创建国家园林城市实施方案》,2010 年被命名为"国家园林城市",先后获得中国优秀旅游城市、中国最具幸福感城市等荣誉称号,出台《台州市城市绿化管理规定》《台州市城市绿线管理规定》《台州市城市绿地系统规划》《台州市园林绿化系统优化和品质提升"十四五"行动方案》《台州市园林绿化建设三年行动方案》《台州市住房和城乡建设局关于进一步规范台州市园林绿化工程建设市场管理的通知》等文件持续加大城市园林绿化的建设力度,充分利用道路节点和街角空地,打造适合公众日常休闲的"口袋公园",以沿山、沿河、沿路廊道为载体,推进小微绿地建设,有效提升中心城区的绿化覆盖率。

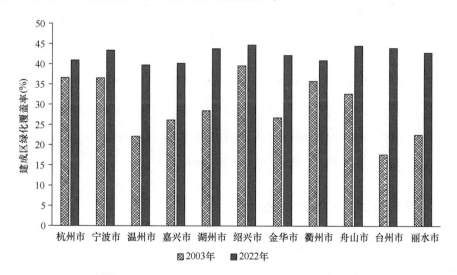

图 7-2 2003 年和 2022 年浙江省各地级及以上城市建成区绿化覆盖率对比情况

资料来源:《中国城市建设统计年鉴 2004》《中国城市建设统计年鉴 2023》,中国统计出版社。

从 2003—2022 年浙江省和全国建成区绿化覆盖率对比情况(图 7-3)来看,

浙江省建成区绿化覆盖率整体上高于全国平均水平并呈现出逐年增长的趋势，这为城市居住环境改善以及生态和社会环境品质提升提供重要支撑。

此外，浙江省园林绿化总体规模的不断增加也推动了空气质量提升。根据2022年度《浙江省生态环境状况公报》可知，2022年浙江省11个城市的空气质量优良天数比率平均为89.3%，SO_2年均质量浓度范围为4～8微克/立方米，平均质量浓度6微克/立方米，各城市均达到了国家一级标准。所有城市的$PM_{2.5}$年平均浓度均低于平均二级标准限制，空气质量优良天数比率达到94.2%。

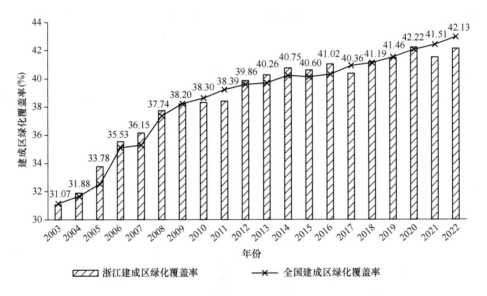

图7-3　2003—2022年浙江省和全国建成区绿化覆盖率对比情况

资料来源：《中国城市建设统计年鉴》（2004—2023），中国统计出版社。

注：图中数据标签为浙江省平均绿化覆盖率水平。

二、城市公园面积不断提高

浙江园林文化最早可追溯到春秋战国时期，拥有私家园林、寺观园林、公共园林以及书院园林等形式，形成自成体系的浙派园林。浙派园林善于不断传承创新、与时俱进，不仅典型地体现了传统中国山水美学思想，而且是现代东方生态美学的杰出范例，其真山真水的设计风格与生态自然的设计手法在当今生态文明新时代焕发出无穷无尽的生命力和市场前景。公园是人与自然和谐共生的"综合体",是浙江省自然和文化资源的典型代表。公园的建设有利于促进经济社会发展、提高人民生活质量、保护自然资源、促进文化交流、改善生态环境等,是浙江省在文化、经济和旅游三大领域推进可持续发展的重要支柱。

"八八战略"实施二十年以来,公园①的建设和发展已成为覆盖浙江省公共环境综合改善和休闲娱乐的重要内容。由2003—2022年浙江省公园面积和移动平均趋势情况(图7-4)可知,2003年浙江省公园面积仅为4119.11公顷,2013年达到15165.06公顷,2022年进一步攀升到26013.16公顷,与2003年相比增加21894.05公顷,增幅高达532%。由图7-4可知,浙江省公园面积整体呈现逐年增加趋势,由此可见,浙江省公园建设取得显著的发展成效,这为"绿色浙江"建设奠定有力基础。

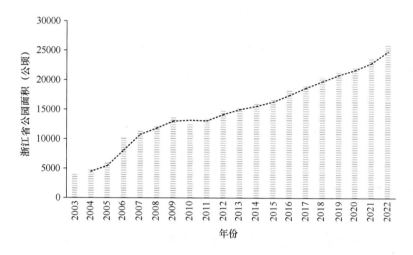

图7-4　2003—2022年浙江省公园面积和移动平均趋势情况

资料来源:《中国城市建设统计年鉴》(2004—2023),中国统计出版社。

与此同时,浙江省地级及以上城市的公园建设面积大幅增加,从浙江省各地级市2003年和2022年的公园面积情况来看(图7-5),绍兴市、杭州市和宁波市的公园建设面积增加较大,分别增加3737.60公顷、2999.26公顷和2284.42公顷。从2022年公园面积来看,杭州市、绍兴市和宁波市的公园面积排名前三

---

① 公园一般可分为城市公园、森林公园、主题公园、专类园等。

位；丽水市公园面积较小，但自然资源较为丰富，生态环境优越，被誉为"浙江绿谷"，生态环境质量位居全省第一、全国前列。

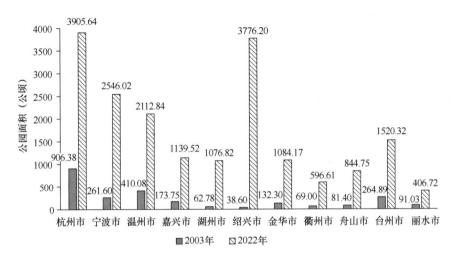

图 7-5　浙江省各地级市 2003 年和 2022 年的公园面积情况

资料来源：《中国城市建设统计年鉴 2004》《中国城市建设统计年鉴 2023》，中国统计出版社。

从全国范围来看，2003 年以来浙江省公园面积稳步提升，在全国排名不断跃升。其中，2003 年浙江省公园面积 3354 公顷，在全国各省份中排名第十一位；2008 年为 12291 公顷，全国排名攀升至第四位；2013 年达到 15165.06 公顷，全国排名第五位；2018 年达到 20431.62 公顷，全国排名第六位；2022 年高达 26013.16 公顷，全国排名依然第六位。此外，2022 年浙江省公园个数达到 1902 个，占全国公园总数的 7.66%，是华东地区公园数量最多的省份。

三、公园绿地面积和免费公园数量不断增加

公园绿地是城市中向公众开放的、以游憩为主要功能，有一定的游憩设施和服务设施，同时兼有生态维护、环境美化、减灾避难等综合作用的绿化用地。由浙江省公园绿地面积和人均公园绿地面积情况（图 7-6）可知，"八八战略"实施二十年来浙江省公园绿地面积不断增加。其中，2008 年公园绿地面积为 16882 公顷，2018 年比 2008 年翻一番，达到 34957.77 公顷，2022 年达到 44861.49 公顷。由于人口规模和城市规模的快速增加，浙江省人均公园绿地面积在 2006 年、

2015年以及2021年有所减少，但人均公园绿地面积整体呈现波动上升的趋势，与2003年的7.52平方米/人相比，2022年达到了13.79平方米/人，增幅高达83.34%。

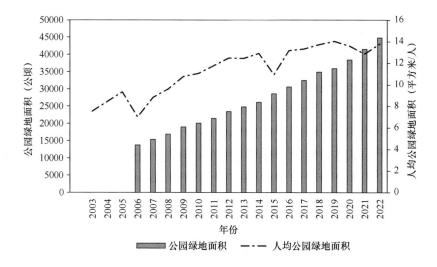

图7-6 浙江省公园绿地面积和人均公园绿地面积情况

资料来源：《中国城市建设统计年鉴》（2004—2023），中国统计出版社。

免费公园有助于满足当地居民对美好生活的需求，也为推动旅游等相关产业发展提供重要的设施保障。浙江省免费公园数量一直走在全国前列。其中，2017—2021年浙江省免费公园数量分别为1191个、1297个、1359个、1505个、1660个，在免费公园数量上仅低于广东省，位居全国第二。由2022年我国不同省份免费公园情况（图7-7）可知，2022年浙江省免费公园数量达到1860个，位居全国第二。其中，2002年10月，杭州市拆除西湖环湖围墙，实施24小时免费开放环湖公园，自此，西湖景区成为全国第一个门票免费的5A级风景区。随后，绍兴鲁迅故里、台州天台山国清寺景区等5A级景区陆续向全球游客永久免费开放。

从2017年和2022年浙江省各城市免费公园情况（图7-8）来看，杭州市、宁波市、绍兴市的免费公园数量相对较多，排在全省前三位。同时，与2017年相比，2022年杭州市、绍兴市、嘉兴市的免费公园数量大幅增加，分别增加163

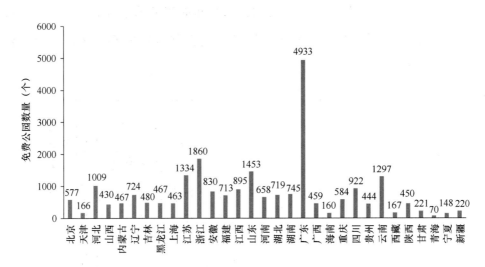

图 7-7　2022 年我国不同省份免费公园情况

资料来源：《中国城市建设统计年鉴 2023》，中国统计出版社。

个、84 个和 51 个。从增加比例来看，绍兴市、嘉兴市、杭州市三个城市增加较快，分别增加 105％、76.12％和 73.76％。

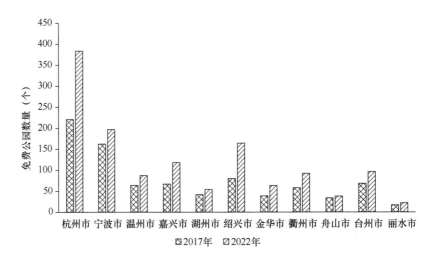

图 7-8　2017 年和 2022 年浙江省各城市免费公园情况

资料来源：《中国城市建设统计年鉴 2018》《中国城市建设统计年鉴 2023》，中国统计出版社。

四、全域城乡绿道网体系建设位居全国前列

城乡绿道是承载城市休闲游憩、文化体育等多功能的"绿色之道",在改善城乡生态、美化城乡环境、打造慢行新业态等方面发挥着重要作用。绿道建设是忠实践行"八八战略"、全面推进"两山"理念在浙江实践的具体行动,也是浙江省推进"大花园万里绿道网"建设的重要内容。2012年浙江省编制《浙江省省级绿道网布局规划（2012—2020）》,成为全国最早编制省级绿道规划的省份之一,提出"一年启动推进、两年初见规模、三年形成格局"的具体要求,掀开绿道网建设的序幕。2014年,《中共浙江省委关于建设美丽浙江、创造美好生活的决定》明确提出"万里绿道网"建设的目标,依靠绿道串起绿水青山,也促进从"绿色浙江""生态浙江"到"美丽浙江"的转变。2021年,《浙江省省级绿道网规划（2021—2035）》（以下简称《规划》）发布,是继2012年《浙江省省级绿道网布局规划（2012—2020年）》之后,浙江省绿道建设工作的又一大推进,标志着浙江绿道正式从1.0时代迈进2.0时代。《规划》提出至2022年重点推进环杭州湾、环南太湖、沿钱塘江、沿瓯江、沿诗路文化带、沿海防护林带的骨干绿道建设,完成省级绿道5千公里主线贯通;至2025年建成绿道总规模2万公里以上,其中省级绿道6千公里,因地制宜组织交通绿道、森林绿道、滨水绿道、健身步道等建设,并串联成网;远景至2035年建成总规模达3万公里以上,全面形成功能完善、布局均衡、智慧运维、特色多样、效益多元的全域城乡绿道网体系。《规划》进一步确定钱塘江名城线、江南古韵线、生态海岸线、湖江养生线、浙东诗路线、缤纷行旅线、浙西湖山线、浙南古道线、山海通廊线、浙中绿谷线10条省级绿道主线,提出名山特色绿道、森林特色绿道、河湖特色绿道、滨海特色绿道、田园特色绿道、古道特色绿道、诗路特色绿道、红色特色绿道八大系列,形成全网络、强带动、推精品、善治理、优绿廊的绿道建设体系。

自2017年起,浙江省住房和城乡建设厅共评选出六批浙江最美绿道,类型涵盖城市型、乡野型和山地型绿道。截至2022年,浙江省建成各类绿道1.9万

多公里，其中省级绿道 5000 多公里，基本贯通"两环三横四纵"的省级绿道主线，绿道成线、绿道成景、绿道成网的态势开始显现，绿道网建设密度和万人拥有绿道长度等指标走在全国前列。2020 年浙江省绿道建设工作做法被住房城乡建设部向全国推荐，在全国打响"浙江绿道"品牌。

第二节 科学谋划打造新时代"浙派园林"品牌

2021 年，《浙江省国民经济和社会发展第十四个五年规划和二〇三五年远景目标纲要》提出要以"打造'浙派园林'品牌"，统筹浙江美丽宜居公园城市的建设。"浙派园林"凭其深厚的历史底蕴、精细的美学理论、高超的造园技法，成为中国江南园林中与"苏州园林"并立的两大流派之一，包容大气、生态自然、雅致清丽、意境深邃是浙派园林的特色。浙江省各地以"公园城市"理念为指引，系统实施园林绿化生态人文行动，开展公园覆盖扫盲工程，从城市绿地总量上升、分布均匀和特色鲜明等上下功夫，突出整体大美、浙江气质，铸就新时代"浙派园林"品牌，助力全省城乡风貌提升。

一、部署诗画浙江全域美丽大花园的宏伟蓝图

浙江省忠实践行"八八战略"和习近平生态文明思想，2017 年 6 月，中国共产党浙江省第十四次代表大会提出，谋划实施"大花园"建设行动纲要，加快打造"诗画浙江"的鲜活样板，将浙江打造成全国领先的绿色发展高地、全球知名的健康养生福地、国际有影响力的旅游目的地，形成"一户一处景、一村一幅画、一镇一天地、一城一风光"的全域大美格局。大花园建设提出 2018 年开好局，2022 年走前列，2035 年成样板，在更广领域、更深层面、更高水平续写"美丽浙江"的新篇章。

浙江大花园建设坚持美丽为基，按照生产空间集约高效、生活空间宜居适度、生态空间山清水秀的基本要求，遵循串珠成链、共建共享"诗画浙江、美好家园"，让自然生态美景永驻浙江的基本路径，打造国家公园、美丽山水、美

丽城乡、美丽河湖、美丽园区、美丽田园、美丽海岛并存的空间形态；坚持文化为魂，树立大文化理念，守好乡愁古韵、树好文明新风，建设现代版"富春山居图"。实施十大标志性工程、百个重大项目、创建千个美丽示范、形成万亿有效投资。其中，十大标志性工程指唐诗之路黄金旅游带、十大名山公园、万里骑行绿道、大运河（浙江段）文化带、美丽乡村、5A级景区创建、百河综合整治、静脉产业基地、幸福产业、珍贵彩色森林等。美丽乡村、美丽田园、美丽河湖、美丽城市、美丽园区等领域创建千个示范并串珠成链，助力城市园林绿化空间布局愈发合理。

二、市民共享、类型多样的城市公园体系日趋完善

"八八战略"实施二十年来，浙江省持续推进类型不同、功能多样的各类城市公园建设。西湖风景名胜区、西溪湿地公园、白马湖公园、青山湖公园、半山森林公园、铜鉴湖公园、太子湾公园、月湖公园、八咏公园等为代表的景区公园、郊野公园、山地公园、湿地公园，不断丰富着城市公园类型。与此同时，袖珍公园、口袋公园、街头绿地、专类园、小游园等小型公园，满足城镇居民对各类公园绿地的需要。截至2022年，浙江省城市公园总量1902个，位居全国第二。其中，森林公园65个，湿地公园15个。根据2022年浙江省公园分布情况（图7-9）可知，杭州市公园数量占据浙江省全部公园数量的29%，是城市公园数量最多的城市，其次是宁波市和温州市。丽水市是推进浙江大花园建设、打造诗画浙江的鲜活样板核心区，共建有2个国家级和4个省级自然保护区、6个国家级和8个省级森林公园、2个国家级和2个省级湿地公园，是展示浙江生态文明建设的重要窗口。2022年6月，浙江省体育局、浙江省发展改革委印发《浙江省"十四五"体育公园建设实施方案》，明确到2025年，全省新建或改扩建体育公园50个左右，努力形成覆盖面广、类型多样、特色鲜明、普惠便捷的体育公园样板群，为城乡居民提供更加优质的健身场所和服务，为健康浙江建设增添新的活力，这也将进一步丰富"浙派园林"品牌特色。

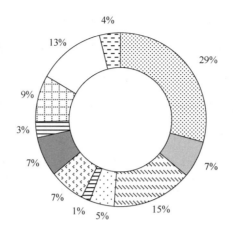

图 7-9　2022 年浙江省公园分布情况

资料来源:《中国城市建设统计年鉴 2023》,中国统计出版社。

三、"300 米见绿、500 米见园"公园体系建设走在全国前列

《浙江省住房和城乡建设厅关于深入推进城乡风貌整治提升 加快推动和美城乡建设的指导意见》(浙建〔2023〕8 号)明确提出要加快绘就"千村引领、万村振兴、全域共富、城乡和美"新画卷,打造中国式现代化城乡品质建设的省域样板,推进公园绿地优化建设专项行动是其核心任务之一,要求按照"300 米见绿、500 米见园"要求,加快公园体系建设,目标至 2025 年底,城市公园绿化活动场地服务半径覆盖率达到 90%以上。老城区结合存量空间有机更新,加快建设口袋公园、体育公园。推进附属绿地建设,鼓励通过"拆墙透绿""定点增绿""见缝插绿"等形式,加强社区和街区绿地贯通,强化城市中心区、老城区绿化功能。远景目标至 2027 年底,浙江全省打造 500 个以上高品质特色主题公园,推进公园实施高质量开放共享。

浙江省以"公园城市"理念为指引,遵循城市发展规律,强化自然生态保护,各市县区因地制宜地推进城市园林绿化建设,"点线面"多维发力,城市绿色开敞空间不断拓展。突出"点"上聚力,按照"300 米见绿、500 米见园"的要求,加快综合公园、社区公园、专类公园和口袋公园建设,构建类型多样的

公园体系，扩大公园服务圈。突出"线"上贯通，按照全省绿道网规划，各地加快绿道网建设，基本实现省级绿道主线贯通。突出"面"上靓化，充分利用植物的色彩和形态，通过乔、灌、藤、草等合理配置，打造四季有花、四季有景、美轮美奂的独特城市景观，让市民下楼就能享受绿意、欣赏繁花。

第三节 "强指导、补短板"助力园林城市建设取得显著成效

在"八八战略"的指引下，为更好地开展园林城市创建活动，切实推进城市园林绿化事业发展，浙江省住房和城乡建设厅对园林城市、园林镇评选标准进行修订，形成《浙江省园林城市系列标准》和《浙江省园林城市系列申报评审管理办法》，依据不同地域自然风貌、文化底蕴等因地制宜补齐短板，强化指导省级园林城市、园林居住区和单位、最美公园等的创建评比，在全国率先开展园林优秀工程奖评审，更好地发挥园林城市系列创建工作在城市宜居环境建设中的抓手作用，助推全域美丽浙江建设。

一、在全国率先开展优秀园林工程奖评审

为加强园林绿化施工企业质量管理，推动园林工程施工管理水平提升，2007年浙江省在全国率先评审"优秀园林工程"奖。该奖是浙江省园林绿化工程的最高奖，其施工质量须达到省内先进水平并具有较好的生态效益和社会效益。"优秀园林工程"奖每年评选一次，评选依据《浙江省风景园林学会优秀园林工程奖评选办法》，评选工作由浙江省风景园林协会组织实施，施工类设金奖、银奖和铜奖三级奖项。2022年开始形成规划设计类、施工类、养护类的"优秀园林工程"系列评奖。通过评审"优秀园林工程"，不仅提升园林工程的施工质量，也有助于甄别出优质的园林施工企业。2007—2022年度浙江省"优秀园林工程"奖的获奖情况如表7-1所示。

2007—2022 年度浙江省"优秀园林工程"奖的获奖情况（单位：项）　　表 7-1

年份	施工类			规划设计类			养护类
	金奖	银奖	优秀奖（铜奖）	一等奖	二等奖	三等奖	
2007	16	30	11	—	—	—	—
2008	28	39	21	—	—	—	—
2009	27	21	9	—	—	—	—
2010	39	36	13	—	—	—	—
2011	34	35	23	—	—	—	—
2012	48	57	16	—	—	—	—
2013	80	55	21	—	—	—	—
2014	104	56	17	—	—	—	—
2015	105	53	16	—	—	—	—
2016	132	70	16	—	—	—	—
2017	152	94	34	—	—	—	—
2018	148	85	25	—	—	—	—
2019	146	85	21	—	—	—	—
2020	166	75	13	—	—	—	—
2021	156	67	14	10	16	5	—
2022	130	75	32	14	14	9	53

资料来源：作者整理。

二、实现国家园林城市全覆盖

1992 年我国开始评选"国家园林城市"，2022 年 1 月，住房城乡建设部发布 2022 年版《国家园林城市评选标准》。为贯彻落实新发展理念，推动城市高质量发展，发挥国家园林城市在建设宜居、绿色、韧性、人文城市中的作用，规范国家园林城市的申报与评选管理工作，2022 年 1 月，《住房和城乡建设部关于印发国家园林城市申报与评选管理办法的通知》（建城〔2022〕2 号）公布修订后的《国家园林城市申报与评选管理办法》。杭州市于 1994 年获得国家园林城市，是浙江省最早获得"国家园林城市"的城市。2019 年浙江省实现地级及以上城市国家园林城市全覆盖。浙江省 11 个地级市入选国家园林城市情况详见表 7-2。

浙江省 11 个地级市入选国家园林城市情况　　　　　表 7-2

城市	入选国家园林城市时间（年份）
杭州	1994
宁波	2003
温州	2016
绍兴	2004
湖州	2006
嘉兴	2005
金华	2013
衢州	2007
舟山	2019
台州	2009
丽水	2014

资料来源：作者整理。

三、多地入选国家园林县城或国家园林城镇

为推动城镇园林绿化行业发展，建设部于 2006 年和 2007 年开始创建"国家园林县城"和"国家园林城镇"。截至 2020 年 3 月，住房城乡建设部已先后分十个批次命名 363 个国家园林县城、7 个国家园林城镇。2022 年 1 月，最新版《国家园林城市评选标准》正式将国家园林县城纳入国家园林城市称号统一管理，并取消国家园林县城、国家园林城镇称号。在"八八战略"的指引下，浙江省以"国家园林县城""国家园林城镇"创建为载体，推动城镇园林绿化行业高质量发展。截至 2019 年，浙江省共有 34 个县城（县级市）入选"国家园林县城"，9 个城镇入选"国家园林城镇"。浙江省入选国家园林县城、国家园林城镇情况详见表 7-3。

浙江省入选国家园林县城、国家园林城镇情况　　　　　表 7-3

年份	入选国家园林县（市、区）名称	入选国家园林城镇名称
2006	诸暨、临海、桐乡、安吉	—
2007	义乌市	
2008	上虞、绍兴县（柯桥区）、长兴、嘉善	嘉兴市南湖区余新镇
2009	平湖、海宁	
2010	余姚、海盐	

续表

年份	入选国家园林县（市、区）名称	入选国家园林城镇名称
2011	江山、温岭、宁海	—
2012	桐庐、宁海、德清	嘉善县大云镇
2013	建德	
2014	龙游、常山	嘉兴市新塍镇
2015	临安	
2016	淳安、新昌、开化、玉环	
2017	慈溪	—
2019	东阳、乐清、瑞安、兰溪、嵊州、永康	泰顺县百丈镇、慈溪市周巷镇、嘉兴市秀洲区油车港镇、嘉善县姚庄镇、海宁市黄湾镇、平湖市乍浦镇

资料来源：作者整理。

2012年浙江省住房和城乡建设厅发布《浙江省园林镇申报评审办法（试行）》，明确提出坚持以人为本，把开展园林镇创建作为绿色城镇行动方案的一项重要工作，作为改善城镇人居环境、提升生活品质的重要手段，作为优化生态环境、推进生态文明建设的重要内容。通过争创国家园林镇，使镇建成区的公园绿地分布更加均衡、结构更加合理、功能更加完善、景观更加优美，人居环境更加优美舒适、和谐宜人。加快构建市、县、镇三级园林城镇体系，不断提升城镇园林绿化建设管理水平，为打造"富饶秀美、和谐安康"的生态浙江作出更大贡献。

四、多次获得国际和国家人居环境奖

为鼓励和表彰世界各国在人居领域做出杰出贡献的政府/组织、个人和项目，联合国于1989年创立"人居奖"（也称联合国"人居环境奖"），该奖项是全球人居领域规格最高、威望最高的奖项。参照联合国的做法，住房城乡建设部于2001年设立"中国人居环境奖"和"中国人居环境范例奖"，旨在表彰在改善城乡环境质量、提高城镇总体功能、创造良好人居环境方面做出突出成绩并取得显著效果的城市、村镇和单位，并积极推广各地在坚持可持续发展、加强环境综合整治以及改善人居环境方面的有效经验和做法。在"八八战略"的指引下，浙江省在公园绿地建设和人居环境改善上取得显著成效，浙江省公园建设相关项目多次获得"中国人居环境范例奖"。杭州市、绍兴市、湖州市安吉县分别获得"中国人居环境奖"和联合国"人居奖"。其中，湖州市安吉县是全国首个联合国"人居奖"获得县（表7-4）。

浙江人居环境示范奖、人居环境奖与联合国人居奖获奖情况　　表7-4

年份	中国人居环境示范奖①	中国人居环境奖	联合国人居奖
2001	—	杭州市	杭州市
2002	宁波市城市绿化及生态环境建设	—	—
2005	台州市永宁公园建设项目	—	—
2006	杭州市西湖风景名胜区综合保护工程	绍兴市	—
2007	浙江省绍兴市镜湖城市湿地生态修复与保护工程	—	—
2008	—	—	绍兴市
2009	—	安吉县	—
2011	衢州市环护城河城市公园改造工程	—	—
2012	—	长兴县	安吉县
2013	浙江省丽水市城区街头绿地建设项目	—	—
2014	德清县下渚湖湿地风景区资源保护项目	—	—
2015	湖州市三大综合性公园建设项目、仙居县永安溪绿道建设项目	—	—
2017	—	诸暨市	—

资料来源：作者整理。

第四节　监管方式创新开启信用园林建设"领跑模式"

随着住房城乡建设部发文取消城市园林绿化企业资质以来，全国各地都在积极探索建立健全园林绿化市场信用评价机制，确保维护良好的市场竞争环境。浙江省住房和城市建设厅也发文明确园林绿化工程招标不再设置资质要求，将园林绿化行业信用体系建设作为进一步优化营商环境、激发市场活力、创新绿化管理模式的重要举措。浙江各地级市也出台园林信用体系的相关政策。通过制度保障形成浙江园林建设信用监管的"领跑模式"。

---

① 表格中的"中国人居环境示范奖"只包含与公园绿地建设相关的项目。

一、国家从顶层设计谋划推进园林信用监管改革

2017年3月，国务院对《城市绿化条例》进行修改，取消了园林绿化施工企业的资质限制，迈出了园林绿化行业"放管服"改革的重要一步。2017年4月，住房城乡建设部印发《住房城乡建设部办公厅关于做好取消城市园林绿化企业资质核准行政许可事项相关工作的通知》（建办城市〔2017〕27号），提出：各级住房城乡建设（园林绿化）主管部门不再受理城市园林绿化企业资质核准的相关申请。各级住房城乡建设（园林绿化）主管部门不得以任何方式，强制要求将城市园林绿化企业资质或市政公用工程施工总承包等资质作为承包园林绿化工程施工业务的条件。各地要按照国务院推进简政放权、放管结合、优化服务改革的要求，创新城市园林绿化市场管理方式，探索建立健全园林绿化企业信用评价、守信激励、失信惩戒等信用管理制度，加强事中事后监管，维护市场公平竞争秩序。2017年12月，住房城乡建设部印发《园林绿化工程建设管理规定》，旨在贯彻落实国务院推进简政放权、放管结合、优化服务改革要求，做好城市园林绿化企业资质核准取消后市场管理工作，加强园林绿化工程建设事中事后监管。

二、因地制宜探索园林信用监管改革具体方案

浙江省在取消园林绿化企业资质核准，明确园林绿化工程招标不再设置资质要求的基础上，积极探索加强园林绿化工程建设市场监管的体制机制和监管方式。2019年3月，浙江省住房和城乡建设厅印发《关于进一步明确园林绿化管理工作有关事项的通知》（浙建〔2019〕3号）。该通知明确了四点要求：一是属于管理规定明确的园林绿化工程范围的工程建设项目，应当在招标公告、招标文件中载明其园林绿化工程性质，严格执行管理规定有关要求。二是原城市园林绿化企业资质取消后，国家对园林绿化工程施工不再有任何资质要求。园林绿化工程招标，不得将具备原城市园林绿化企业资质或市政公用工程施工总承包等其他企业资质作为投标人资格条件。市、县（市、区）园林绿化主管部

门要切实履行园林绿化工程招标投标监督职责，依法查处以企业资质要求等不合理的条件限制或者排斥潜在投标人的行为。三是园林绿化工程应当根据工程项目的内容、规模、技术难度和艺术性、文化性等要求，综合考虑专业技术管理人员、技术工人、资金、设备等条件，选择履约能力相匹配的施工企业；技术较为复杂的园林绿化工程，还可以考虑企业及其项目负责人的工程业绩。招标文件可以对投标人拟派项目负责人和技术负责人提出合理的专业技术职称、从业年限等要求，设置与工程项目风险相适应的履约担保、工程履约保证保险或者工程质量保险等要求。提倡优质优价，鼓励采用综合评标法。四是市、县（市、区）园林绿化主管部门要切实履行对园林绿化市场和园林绿化工程质量安全的监督管理职责，加强对园林绿化工程设计、施工、养护等活动的技术指导和监督检查，实施工程质量综合评价，推进园林绿化市场信用信息的归集、披露和信用评价等工作。为保障城市园林绿化企业资质取消后的工程建设市场的高质量发展，浙江省各地级市出台了园林信用体系相关规范性管理文件（表7-5），不断创新监管方式。

浙江省各城市园林信用监管建设情况　　　　　　　　表 7-5

时间	城市	文件名称
2020 年、2023 年	杭州	2020 年：《杭州市园林绿化市场主体信用管理办法》（杭园〔2020〕140 号）；2023 年：《杭州市园林文物局关于修改〈杭州市园林绿化市场主体信用管理办法〉的通知》（杭园文〔2023〕20 号）
2020 年	绍兴	《绍兴市园林绿化施工企业信用评价办法（试行）》（绍市建设〔2020〕59 号）
2020 年	湖州	《湖州市园林绿化施工企业信用评价办法》（湖建发〔2020〕5 号）
2020 年	丽水	《丽水市园林绿化工程施工企业信用评价管理办法（试行）》（丽建发〔2020〕107 号）
2021 年	台州	《台州市园林绿化施工企业信用评价办法》《台州市园林绿化工程施工项目负责人信用评价办法》

资料来源：作者整理。

三、"杭州样板"与"台州模式"引领浙江园林信用监管

杭州市为加快园林绿化市场信用制度建设，增强园林绿化企业诚信经营意

识，出台了《杭州市园林绿化建设市场主体信用管理办法》，制定了《杭州市园林绿化施工良好信息加分标准》《杭州市园林绿化养护良好信息加分标准》《杭州市园林绿化市场主体不良信息扣分标准》，并编写了《杭州市园林绿化建设市场黑名单制度实施细则》《杭州市园林绿化建设工程施工招投标领域使用信用记录和信用报告的实施细则》《杭州市园林绿化工程建设领域信用信息记录和报送的实施细则》《杭州市园林企业信用分类监管实施方案》等实施细则和方案。围绕管理目标"让守信者一路畅通，让失信者寸步难行"，充分发挥信用在创新监管机制方面的基础性作用，推出了"五个一"的系列措施：出台一个信用管理办法，成立一个信用领导小组，开发一个信用评估系统，推行一份信用承诺，营造一片诚信氛围。其开发的"杭州市园林绿化市场信用评价系统"对市区内参与园林绿化建设市场的企业法人进行信用计分并排名，排名结果用于杭州市绿化招标投标资信分评分环节，为企业信用分类监管、红黑名单认定以及表彰评优提供重要依据，并将失信案例上报"信用杭州"。在2020年，杭州市园林文物局申报的《创新政府绿化监管模式，构建杭州市园林绿化行业信用体系》项目先后入选为"全省住房城乡建设系统领跑者改革培育项目"和"杭州市十大信用典型案例"，开创信用园林建设的"领跑模式"，打造了"杭州样板"。

台州市住房和城乡建设局于2018年出台了《园林绿化工程施工项目负责人信用评价办法（试行）》，规定在台州市行政区域内从事生产经营活动的园林绿化工程施工项目负责人[①]均可参加信用评价。根据项目负责人的技术职称、工程质量、安全生产、个人荣誉、合同履行、市场行为、社会责任、不良记录和违规行为等设计信用评价指标并进行综合评价，分为AAA、AA＋、AA、A、B五个等级，对应分数为90分、85分、80分、60分和不足60分。信用评价采取初次评定和动态评定等方式，由企业注册地主管部门对项目负责人的信用等级进行初评后，报台州市住房和城乡建设局进行复评，经公示无异议后正式公布，

---

① 包括园林专业中级以上职称的具备相应业绩的人员。

录入台州市园林绿化信用评价系统,并建立项目负责人的信用信息网络数据库①和信用档案。项目负责人的信用评价结果与招标投标挂钩,由建设单位引用,并按一定权重计入评标总分。信用评价办法的出台在推动园林绿化行业健康发展、提升工程质量、规范市场秩序等方面取得了显著成效。

第五节 数字赋能提升城市园林绿化行业数智化治理水平

"八八战略"实施二十年来,浙江省围绕服务城市建设、提升管理效能、挖掘生态效益等现实需求,依托"互联网+政务服务"等数字化技术赋能绿色发展,加快优化完善智慧园林监管平台,实施树木绿化全生命周期管理。全力打造"浙里园林"场景应用,加快实现城市园林绿化科学化、精细化与数字化管理与运维,持续推动园林绿化事业高质量发展。

一、制度保障助力城市园林绿化行业数字化管理

2016年10月,住房城乡建设部印发《住房和城乡建设部关于印发国家园林城市系列标准及申报评审管理办法的通知》(建城〔2016〕235号)②,规定已获命名的城市(县、镇)应建立健全园林绿化信息管理体系,逐步实现部、省、市、县、镇信息管理一体化。2020年3月,《城市园林绿化监督管理信息系统工程技术标准》CJJ/T 302—2019正式实施,为园林绿化行业主体,特别是(行政)管理部门开展信息化建设提供可行的标准规范,明确运用集成运用物联网、云计算、移动互联网、地理信息集成等新一代信息技术,服务园林绿化数字化管理。

浙江省通过智慧园林建设,持续推进城市园林绿化行业高质量发展。2023年6月,浙江推出《浙里城市生命线及地下空间综合治理应用区县级"浙里园林"建设指南(试行)》《浙里城市生命线地下空间综合治理应用区县级"浙里

---

① 项目负责人信用信息网络数据库向社会开放,提供项目负责人信用信息即时查询服务。
② 该文件目前已废止。

园林"数据汇交标准（试行）》，旨在围绕服务城市建设、提升管理效能、挖掘生态效益等现实需求，通过推动不同类型绿地、建设项目、绿化资产价值等园林绿化要素入库上图，夯实城市园林绿化智治数据塔基。

二、数字技术赋能城市园林绿化行业智慧化运维

浙江省综合运用云计算、大数据、物联网、人工智能等现代信息技术，围绕园林赋能和深化改革，聚焦政府、企业、公众三方联动，以绿化家底为基础，以辅助决策为重点，以共建和共管为突破口，以园林增效和城市体检为核心，全面提升城市园林绿化行业监管水平，通过"数据说话、数据管理、数据决策"，形成"人在查、数在转、云在算"的数字化园林绿化监管体系。搭建集日常业务监管和实时数据监控于一体的综合系统，具备自动报警功能，并与其他政务平台融合互通，实现功能互补、数据共享。通过分析城市园林绿化的管理需求及各类问题，形成针对园林绿化行业智慧化监管与服务的"需求清单""改革清单""功能清单""数据清单"和"协同清单"。浙里园林系统的逻辑架构详见表7-6。

浙里园林系统的逻辑架构　　　　　　　　　　表 7-6

应用对象		浙里园林驾驶舱、浙政钉	
应用平台层		园林一张图、绿化建设、日常管理、风险预警、古树名木、专项体检、运维管理	
支撑平台层	支撑层	统一身份认证、权限管理、菜单管理、接口服务	
	数据层	数据交换与治理（数据整合、数据处理、数据服务、数据监控）	
基础设施层	数据库	业务库（绿地规划、绿化现状、建设工程、绿化资产、养护动态）、管理单元库（古树名木及后备资源、公园绿地及其附属设施、行道树、绿道及其附属设施等）、事件库（巡检、预警、处置等）、应用治理库（应用配置、用户组织、数据交换管理、应用运行状态）	信息及智能应用安全
	信息化设施	VPN专线、隔离网闸、服务总线、信息通信、信息安全措施、天地图、政务云	
	数据接入	国土空间规划数据资源、各地园林绿化存量数据、视频监控等感知数据、第三方报告（舆情、专项体检等）、其他数字系统	

资料来源：作者整理。

三、城市园林绿化行业数字化建设的典型模式

本部分以杭州市、湖州市安吉县和嘉兴市平湖市为例进行分析。其中,杭州市自 2020 年开始推进园林绿化数字化建设,旨在建立园林绿化全生命周期管理的"可视化、可管控、可预测、可评价"的数字赋能新体系,已建成"智慧园林"和"绿色家园"两大数字化应用场景。"智慧园林"涵盖园林一张图、园林工程、园林养护、数字驾驶舱四大板块,包括现状、规划、工程、养护、企业、人员等多类园林绿化数据资产,初步形成杭州园林绿化整体智治的数字化管理新模式。"绿色家园"则是基于"智慧园林"平台建设的一款面向公众开放使用的应用程序,旨在加快释放园林资产的生态为民价值,畅通惠民服务渠道,方便市民游客了解及游览杭州的自然生态人文景观,用公众共享绿色服务打通园林绿化智慧化成果的"最后一公里"。依托"智慧园林"系统,相继上线灵隐智控舱"智慧园林"子系统和古树名木智慧场景等应用。古树名木智慧场景可实现对古树名木的生长情况、立地条件、外部形态和病虫害防治、养护巡查等进行动态管理和决策分析,助力实现"资源一图尽览,家底一库掌握,任务一键直达,公众一屏链接"四大建设成效,保证建成区古树名木"树树有档案,棵棵有人管"。

湖州市安吉县综合行政执法局牵头打造安吉智慧园林管理平台,该平台构建"城市立体感知、监管协同、决策智能、服务一体"的园林绿化数字化管理新模式,为安吉县园林绿化综合管理添加"数字引擎"。安吉智慧园林管理平台包括智慧园林应用软件系统开发、智慧园林综合数据库建设、软硬件设备引入与安装调试三部分内容。其中,智慧园林应用软件系统包括一张图监管系统、智能巡管养系统、乔木档案管理系统、巡管通系统、基础数据管理系统和应用系统运维管理系统六个子系统。智慧园林综合数据库建设基于高分辨率遥感影像,结合外业实地调查,按照城市绿地分类标准要求,实现安吉县建成区范围内城市绿地基础空间数据、业务属性信息、养护地块数据、巡查网格数据和基础管理数据等信息采集,建立智慧园林基础综合数据库。

嘉兴市平湖市住房和城乡建设局的园林绿化行业数字化建设主要亮点为：一是集成全域信息，构建绿化资产数据共享新机制。梳理构建园林绿化管理部件库①，建立政府端、企业端和用户端数据共享通道，形成城市园林行业全领域、全生命周期的信息数据覆盖。二是强化园林智治，打造共建共管全链管控新体系。以绿化建设项目为主轴，从基础信息、在建、建成、建成养护、养护移交等关键节点串联项目，为项目管理和决策提供"可视、可评、可管、可预测"的信息化支撑。针对各类绿地、绿道、附属设施、行道树等园林绿化管理单元进行数字化维护和管理，形成"巡查－派发－整改－反馈－核验"巡检全程闭环。三是突破部门壁垒，创新多跨协同动态监管新常态。建立园林数据信息资源共享库，规范园林数据标准、共享接口等。通过"浙里园林"监管平台及浙政钉等途径，实现园林绿化事件部门之间协同处理、全程跟踪追溯以及处理超期自动提醒等功能。

---

① 分绿地、行道树、市古树名木及后备资源3大类，细分一级部件10项、二级构件30项。

第八章 "八八战略"指引下浙江市政公用事业发展展望

"八八战略"实施二十年来,浙江市政公用事业实现了快速发展,在行业发展水平、政府监管效能等方面位居全国前列。在"八八战略"的指引下,浙江市政公用事业将朝着更加低碳、更加智慧、更加均等的方向推进行业高质量发展。

第一节 浙江市政公用事业发展方向之一:更加智慧化

随着新技术、新材料的广泛应用以及物联网、大数据、人工智能、云计算等数字科技的快速发展,市政公用事业将不断提升运行端和监管端的智慧化水平。通过传感器、设备和互联网的连接,实现数据实时监测和管理,不断提高市政公用事业运行效率和监管效能。实现从数字化到数智化再向数治化的发展转型,建立更加智慧化的市政公用事业发展生态和治理生态,不断推进市政公用事业运行效率、供给质量和服务能力的提升。

一、市政公用事业运行端更加智慧化的发展方向

市政公用事业运行端更加智慧化主要体现在新技术、芯片以及传感器等的大量应用,建立天地物联网络模型,通过 GIS 系统与市政公用事业基础设施互联,形成立体式市政公用事业实时运行网络展示化平台,不断提升市政公用事业的物联感知能力。运行端的智慧化将以海量化、实时化、互联化、自校准化

的数据为基础,结合大模型和更细颗粒度的地理信息系统,搭建特定区域内一站式的多企业自接入、多来源数据自校准的市政公用事业基础设施的超精实时数据平台。依托平台数据,建立各行业应用场景,实现实时统计分析、监测预警、智能决策等功能,实现企业内全环节实时呈现与分析以及行业层面实现市政公用事业资源优化配置的统计、分析与决策等功能,以智慧化推进市政公用事业的质量变革、效率变革和动力变革。

二、市政公用事业监管端更加智慧化的发展方向

一是推进市政公用事业政府监管思维转型。市政公用事业监管端更加智慧化的前提是推进政府监管思维转型,形成数据、平台、智慧属性下的整体治理思维。形成"用数据说话、靠数据决策、依数据执行"的一站式、网络化的政府监管的数据思维。构建党委统一领导、跨层级协作、跨部门合作、跨区域协同、跨领域联动的协同监管思维。建立以平台为支撑的全领域、全流程、跨部门的数据互融共通的平台思维。构建全面展示政府监管现状、智能挖掘政府监管问题、一键智达问题处置部门,以及系统呈现监测、预警、研判、处置、反馈、评价等成果的智慧思维。打造场景和数据等适时接入的动态思维。

二是推进市政公用事业政府监管的载体转型。政府监管载体转型关键是由更多依赖纸质数据的"碎片化"信息获取方式,转向集"数据、平台、智慧"一体的高效互联的数字化、智能化政府监管应用平台。具体而言:一是从顶层设计上统一数据口径与数据归集标准,建立以政府监管目标为支撑的数据指标、数据格式、数据来源以及数据共享和使用机制。二是搭建具有"数字化、全链条、一站式、智慧化"为特征的政府监管数字化应用平台。明确政府监管数据归属、共享和使用机制,加强跨部门、跨地区的有机协同,统一数据标准,构建大数据集成和分析决策功能的综合技术平台、信息化联通共享导向的智慧政务平台、在线办理与即时参与的参与和反馈一体化平台。

三是推进市政公用事业政府监管的机制转型。政府监管机制转型导向是"智慧、平台、协同、跨界"的政府监管机制。具体而言:①扩展"互联网+监

管"与非现场监管等新型监管机制的应用范围。广泛运用数字技术不断推进政府监管方式创新,更大范围内应用远程监管、移动监管、预警防控等非现场监管。②以数字化为核心,完善上下协同、条块结合、精准高效的政府监管协同性网络建设。③优化横向政府机构信息共享与集成联动机制,纵向政府监管机构打破数据鸿沟并明晰职责清单机制,横向与纵向政府监管机构跨地域、跨层级、跨部门、跨领域多跨协同式的统计分析、监测、预警与决策机制。

四是推进市政公用事业政府监管的监督转型。政府监管监督转型的路径是转向依托数字化应用平台对政府监管主体进行全过程监督的决策机制。具体而言:①借助算法、算力实现管理、研判、分析、决策等功能,由被动获取数据模式向依赖互联网平台进行自组织数据挖掘模式转型。同时,推进网络获取数据与部门上报数据的融合与校准机制,保障多源数据兼容性与相互验证性。②探索建立政府、企业、个人等主体多方参与、协同共治的新型政府监管监督机制。如在监督城市地下市政基础设施政府监管主体履职效果时,建立分权限共享数字中台的算法机制,分模块汇集规划、设计、建设、运维、应急管理等的全流程数据信息,构建供需决策监督算法、应急管理与处理处置决策监督机制、多部门协同监管履职渎职监督机制以及政府监管有效性监督评价机制等。

五是推进市政公用事业政府监管的评价转型。政府监管评价转型是由政府或第三方评价为主的传统评价方式,转向借助数字化应用平台的智慧化评价;由结果导向型评价,转向"数字+监管"的过程和结果贯穿式的综合评价。具体而言:①由部门自报数据进行评价,向借助数字化应用平台上的数据进行智慧评价转型。更多地应用大数据、人工智能等数字技术,利用算法设计评价模型,自主式获取、程序化整合数字化应用平台上的数据信息,并对政府监管进行智慧化、协调性和主动式评价。②评价内容转向"数字+监管"的过程和结果融合性评价。建立"数字+"的政府监管思维、政府监管理念、政府监管内容、政府监管载体、政府监管机制以及政府监管监督等多维度的评价指标体系,系统评价市政公用事业政府监管的过程与结果。

第二节　浙江市政公用事业发展方向之一：更加低碳化

党的十八大以来，我国将绿色低碳和节能减排摆在了突出位置，建立并实施了能源消耗总量和强度双控制度。在"八八战略"的指引下，浙江省尊重生态格局，坚定不移地践行"两山"理念，顺应生态规律，推动市政公用事业朝着更加低碳的方向发展。为此，需要进一步完善材料端、工艺端、管理端、监管端的"四端"低碳机制。

一、市政公用事业材料端低碳发展方向

市政公用事业材料端低碳主要表现在三个方面：①用材低碳。在供水、污水处理、垃圾处理等领域选择更为低碳的药剂与材料，推进市政公用事业用材低碳化。②用能低碳。加大清洁能源如太阳能、风能、水能等的利用，在能源供应方面逐步替代传统的化石能源，降低碳排放。同时，充分利用市政公用企业的场地空间，大力发展厂区（或场区）光伏发电，降低外部用电比例。③资源低碳。创新废弃物分类回收方式，强化资源利用，进一步推进生活垃圾源头减量与回收利用。

二、市政公用事业工艺端低碳发展方向

技术创新是市政公用事业高质量发展的重要驱动力。市政公用事业工艺端低碳主要表现在三个方面：①广泛应用再生水利用、污泥绿色化与循环化以及氢能技术等新工艺，提高市政公用事业相关领域的低碳水平。②扩展市政公用事业非开挖检测技术、非破坏修复技术等低碳工艺的应用范围，推行环境友好的生态化设计，如采用可渗水的道路铺装等。③倡导或推广市政公用事业生产企业的绿色建筑理念，采用节能环保材料和技术，设计建筑结构和设备以降低能耗，减少建筑行业对能源的消耗和碳排放。

三、市政公用事业管理端低碳发展方向

市政公用事业管理端低碳是推动行业高质量发展的重要前提。其核心在于推动市政公用企业管理层思维转型，建立全产业链低碳思维，有效平衡低碳与长短期收益的关系，形成集材料、工艺、生产、销售等多环节低碳思维与管理模式，搭建全流程高效、低碳的市政公用企业数字化平台，以智慧平台赋能市政公用企业低碳化发展。

四、市政公用事业监管端低碳发展方向

市政公用事业监管应从传统效益型监管转向效益与低碳的协调型监管。在评价市政公用事业高质量发展指标时，应建立效益指标、低碳指标、能耗指标等多维度的评价指标体系。通过一站式数据上报与校准平台，监控全链条效益指标、水电气投入指标、药耗指标、新能源发电占比、碳排放等指标数值，通过评估激发市政公用企业的低碳潜能，推动市政公用事业的低碳化发展。

第三节　浙江市政公用事业发展方向之三：更加均等化

市政公用事业均等化的主要内容包括公共服务的普及、价格的公平合理、资源的公平配置以及服务质量的一致性。在"八八战略"的指引下，浙江省市政公用事业坚持以人民为中心的发展思想，致力于解决城乡市政基础设施发展中存在的不平衡和不充分问题。

一、市政公用事业供给端均等化的发展方向

在建设共同富裕示范区的使命和担当下，浙江省将持续推进城乡市政基础设施建设。将县域作为城乡融合发展的重要切入点，牢牢把握全覆盖和提质量目标。通过政府和市场相结合的供应机制，系统推进基础设施、公共服务等县域统筹，促进城乡发展的均衡性和一体化，持续提升居民满意度和获得感。

二、市政公用事业服务端均等化的发展方向

市政公用事业服务端均等化是提升浙江省营商环境和居民满意度的重要内容。制定和实施统一的服务标准和质量评估机制，确保各地市政公用事业服务的标准化和一致性，提高服务水平和公平性。在保障同等服务质量的前提下，创新传统网络型市政基础设施在乡村范围内的供给模式，例如推广燃气点供模式等。同时，对管网设施布局完善的乡镇，推进污水等管网设施互联互通，提高城市全域发展的韧性。引导推进特定范围内城乡市政公用事业运营主体的同一化，以同一主体运营驱动产品或服务标准一致，不断提升市政公用事业服务水平。

后 记

本书源自浙江省城市化发展研究中心委托的"浙江省建设领域绿色发展研究"（编号：ZJZX-202205220）和"新时代浙江省市政公用事业深入践行'八八战略'改革和发展思路研究"（编号：ZJZX-20230530）项目，并以浙江财经大学提供的课题研究报告为基础进行修改完善形成书稿。课题组主要成员有：王岭、张肇中、刘相锋、熊艳、赵津津、邵丹娜、陈松、金暄暄、祁晓凤、耿洁、黄琦、戴欣、张芃芃。

本书编写思路和提纲由王岭、孙雪锋、沙洋共同设计。第一章由王岭、熊艳撰写；第二章由张肇中撰写；第三章由邵丹娜撰写；第四章由赵津津、王岭撰写；第五章由刘相锋、王岭撰写；第六章由陈松、王岭撰写；第七章由祁晓凤、王岭撰写；第八章由王岭、熊艳撰写。浙江省住房和城乡建设厅城市建设处赵栋、黄昭晖、蒋忠克、邓富根、祝元文、翁昕、杨玉龙、孔炜、徐剑、谢宇菲、姜少睿、徐永宁，以及浙江省城市化发展研究中心葛恩燕、童彤、吴怡、王蕴、肖伟、刘明文、谢姜靖对本书的内容撰写思路、资料收集、书稿校对和修改完善做了大量工作。

本书撰写得到了浙江省住房和城乡建设厅城市建设处、浙江省城市化发展研究中心、浙江省垃圾分类办公室、浙江省住房和城乡建设厅科学技术委员会市政公用设施专业委员会、浙江省市政行业协会、浙江省城市水业协会、浙江省燃气协会、浙江省风景园林学会、浙江省城市环境卫生协会等单位的大力支持。本书还对原浙江省建设厅副巡视员方建，原浙江省建设厅副巡视员周伟群，杭州市园林文物局原党委副书记、副局长、巡视员朱坚平，原浙江省建设厅城市建设处处长张雪芬，原浙江省建设厅城市建设处一级巡视员鲍国平，浙江省风景园林学会理事长、浙江科技大学建工学院城规系主任、教授施德法，浙江省城乡规划设计研究院城建分院院长、教授级高工、全省勘察设计大师、省建设厅科技委市政公用专委会主任委员赵萍，浙江省燃气协会理事长、原杭州市燃气集团有限公司党委书记、董事长芦俊等领导专家进行访谈，并基于访谈资料进一步完善书稿，在此对上述领导专家提供的精彩分享和宝贵资料表示感谢。同时，本书在撰写过程中还得到浙江财经大学原校长王俊豪教授、浙江财经大学经济学院院长罗俊教授、中国城市供水排水协会章林伟会长、中国城市燃气协会刘贺明理事长、中国城市环境卫生协会徐文龙会长、住房城乡建设部城市建设司水务处处长徐慧纬、杭州燃气集团有限公司董事长万向伟、浙江省燃气协会徐卫副秘书长以及浙江省各地市政公用事业行业主管部门的领导和专家的大力支持，在此表示感谢。本书出版还受到浙江省新型重点专业智库"中国政府监管与公共政策研究院"、浙江财经大学经济学院的资助。

  本书也是浙江财经大学经济学院监管院党支部、浙江省住房和城乡建设厅城市建设处党支部、浙江省城市化发展研究中心党支部党建联建的重要成果，形成"以共建促党建、以党建促业务、以业务强党建"的良好局面。

  特别感谢住房城乡建设部城市建设司刘李峰副司长、浙江省住房和城乡建设厅应柏平厅长和姚昭晖副厅长对本书出版的大力支持。